RUDOLF STEINER

Parler, rire et pleurer
expression du divin en l'homme

RUDOLF STEINER

Parler, rire et pleurer

expression du divin en l'homme

3 conférences
Berlin, le 27 avril 1909
20 janvier et 3 février 1910

Traduction française

Editions Anthroposophiques Romandes
11, rue Verdaine - 1204 Genève
1997

Traduction faite d'après un sténogramme non revu par l'auteur.

Tirage à part de:		Traduction de:
GA 58	20 janvier 1910 3 février 1910	Georges Ducommun
GA 107	27 avril 1909	Marie-Eve et Victor Bott

Réalisation de la couverture
par Gabriela de Carvalho

© 1997 Tous droits réservés by
Editions Anthroposophiques Romandes

Traduction autorisée par la Rudolf Steiner-
Nachlassverwaltung Dornach/Suisse

Imprimerie Slatkine - Suisse
ISBN 2-88189-133-0

TABLE DES MATIÈRES

La science spirituelle et le langage

Conférence publique, Berlin, 20-1-1910 9

Théorie scientifique du langage. Le développement de la nature humaine en plusieurs éléments constitutifs. Le langage, dernière trace de l'activité psycho-spirituelle avant l'intervention du Moi. L'organisation de l'instrument de la parole: une création de l'Esprit de l'air. L'emprise du Moi sur l'organisation intérieure. Caractère des langues chinoise, sémite, indo-germanique. L'Esprit du langage, artiste pré-humain.

Rire et pleurer

Conférence publique, Berlin, 3-2-1910 57

Constitution de l'être humain. Le Moi et l'harmonie avec le monde extérieur. Extension et contraction du corps astral. Seul l'homme peut rire et pleurer. Incidence sur le rythme respiratoire. La tragédie et la comédie.

Rire et pleurer
Expression du divin en l'homme

Berlin, 27-4-1909 99

L'homme rit et pleure, l'animal grimace et hurle. Pleurer, expression de disharmonie avec le monde extérieur, resserrement du corps astral par le Moi. Rire, expression d'une dilatation du corps astral par le Moi. Moi individuel de l'homme, âme-groupe ou Moi-groupe chez l'animal. Inversion du processus respiratoire dans le rire et le pleurer. Rire et pleurer, expressions de l'égoïté humaine. Sentiment de supériorité dans le rire, repli sur soi-même dans les pleurs. Rire et pleurer sans motif. Equilibre entre joie et peine, expression de la relation entre Moi et environnement et non sentiment de supériorité ou écrasement. Sourire en pleurant et pleurer en riant. Rire et pleurer, expression du divin dans l'homme.

NOTES 126

Œuvres de Rudolf Steiner disponibles en langue française 128

AVIS AU LECTEUR

Au sujet de ces publications privées, Rudolf Steiner s'exprime de la manière suivante dans son autobiographie « Mein Lebensgang » (chapitres 35 et 36, mars 1925):

« Le contenu de ces publications était destiné à la communication orale, non à l'impression (...).

Nulle part il n'est rien dit qui ne soit uniquement le résultat de l'anthroposophie, qui est en train de s'édifier. (...) Le lecteur de ces publications privées peut pleinement les considérer comme une expression de l'anthroposophie... C'est pourquoi on a pu sans scrupule déroger à l'usage établi qui consistait à réserver ces textes aux membres. Il faudra seulement s'accommoder du fait que dans ces sténogrammes, que je n'ai pas revus, il se trouve des erreurs.

On ne reconnaît la capacité de juger le contenu d'une telle publication privée qu'à celui qui remplit les conditions préalables à un tel jugement. Pour la plupart de ces publications figurent au moins parmi ces conditions la connaissance de l'enseignement anthroposophique sur l'homme et le cosmos et celle de l'histoire selon l'anthroposophie, telle qu'elle découle des communications provenant du monde de l'esprit. »

La science spirituelle et le langage

Berlin, 20 janvier 1910

L'étude des différents modes d'expression de l'entité humaine, du point de vue de la science spirituelle telle qu'elle est conçue ici, n'est pas dépourvue d'attraits. En faisant pour ainsi dire le tour de la vie humaine, comme nous l'avons tenté au cours de ces conférences, et en la contemplant sous différents angles, nous pouvons acquérir une vision globale de la nature humaine. Aujourd'hui, il sera question de l'expression universelle de l'esprit humain telle qu'elle se révèle à travers le langage. Lors de notre prochaine conférence nous examinerons, sous le titre *Rire et pleurer*[1], une variante de l'expression humaine qui est à la fois proche du langage et néanmoins fondamentalement différente de lui.

Lorsqu'il est question du langage humain, nous éprouvons amplement à quel point toute l'importance, la dignité et la nature même de l'être humain lui sont liées à ce que nous appelons le langage. Notre vie la plus intime, toutes nos pensées, nos sentiments et nos impulsions volitives s'écoulent en quelque sorte en direction du dehors vers nos semblables, et nous unissent à eux par le langage. Grâce à lui nous ressentons en nous une faculté d'extension illimitée de notre être et sa possibilité de répandre son rayonnement sur notre environnement. D'autre part, celui qui réussit à percer à jour la vie intérieure d'une forte individualité, détectera dans le langage humain une certaine force tyrannique, une puissance agir sur notre vie intérieure. En effet, si nous l'essayons, nous pouvons très bien ressentir que ce que nous avons à nous dire à nous-mêmes au sujet de nos sentiments et de nos pensées, de toutes ces intimités et particularités qui traversent l'âme, ne trouve dans la parole, dans le langage qu'une expression bien insuffisante et faible. Nous pouvons aussi remarquer comment ce langage, qui est également le nôtre, nous impose une pensée bien déterminée. Qui pourrait ignorer que dans sa pensée l'homme dépend de son langage? Nos concepts se rattachent souvent à des mots, et à un niveau imparfait de son évolution l'homme sera facilement enclin à confondre concept et mot, ou ce que le mot suggère. D'où l'impossibilité pour bien des gens à se confectionner un monde conceptuel capable de dépasser ce qu'expriment les mots tirés de l'environnement habituel. Nous savons aussi que le caractère d'un peuple uni par le même langage est en quelque sorte tributaire de ce langage. En considérant intimement les rapports entre les caractères des peuples et ceux du langage, on peut comprendre que la façon dont l'homme transpose en sons ce qui anime son âme ne manque pas de se répercuter sur la force, ou la faiblesse, de son caractère, sur la manière dont s'exprime son tempérament, voire sur l'ensemble de sa conception du monde. Toute personne avertie sera capable de tirer, de la configuration du langage d'un peuple, bien des connaissances concernant les qualités de ce peuple. Du fait que le langage est commun à tout un peuple, l'individu est dépendant d'une communauté, de la norme moyenne qui caractérise ce peuple. Il est donc en quelque sorte tributaire de la tyrannie, de la puissance communautaire. Mais lorsque l'on ressent que le langage porte l'empreinte d'une part de la vie spirituelle de l'individu, et d'autre part de celle de la communauté, ce que l'on pourrait appeler le secret du langage nous semble alors représenter quelque chose d'extrêmement important. L'on apprend, pourrait-on dire, beaucoup sur la vie psychique de l'être humain lorsqu'on est attentif à la façon dont il s'exprime au moyen du langage.

Le secret du langage, son origine, son évolution à travers les différentes époques furent de tout temps une énigme pour les spécialistes. Mais on ne peut pas dire qu'à notre époque ceux-ci aient eu une main heureuse pour accéder aux secrets du langage. Ceci nous amène aujourd'hui à esquisser certaines idées capables d'éclairer un tant soit peu le domaine du langage, son évolution et ses rapports avec la nature humaine, selon le point de vue de la science spirituelle et de ses considérations sur l'être humain et son développement.

Le côté mystérieux du problème vient de la possibilité de désigner par un mot une chose ou un processus. En effet, comment cet assemblage étrange de sons qui composent un mot ou une phrase s'accorde-t-il avec ce qui émane de nous et confère au mot la signification de la chose? La science a tenté, à partir de multiples expériences, d'édifier les combinaisons les plus diverses, mais elle a également ressenti l'aspect insatisfaisant de cette façon d'aborder le problème. La question est très simple, mais la réponse difficile à trouver: face à un objet quelconque du monde extérieur, comment l'homme en est-il arrivé à produire lui-même, en écho à cet objet ou à un processus donné, tel ou tel son particulier?

D'un certain point de vue on se faisait une image très simple de la question. On pensait, par exemple, que la formation du langage découlait de l'écoute de sons extérieurs, tels ceux émis par les animaux ou ceux provenant de chocs d'objets, et que notre organe du langage avait la faculté intérieure de les imiter, à l'image de l'enfant qui, en entendant aboyer le chien, imite les sons et désigne le chien par le mot « oua-oua ». On pourrait parler d'une création onomatopéique du mot, une imitation du son. Certains disent en effet que cette activité imitative serait à l'origine de la formation des sons et des mots. Mais alors, comment se fait-il que l'homme puisse désigner un être muet qui n'émet aucun son? Comment passe-t-il d'une expression sonore d'un animal ou d'un processus que l'on peut entendre, à celui que l'on ne peut pas entendre? Bien entendu, aucune réponse ne peut être donnée à cette question. Le célèbre linguiste Max Müller[2], saisissant le côté insatisfaisant d'une telle spéculation, s'est moqué de cette théorie et l'a appelée la «théorie du oua-oua». A son tour il devait élaborer sa propre théorie. Ses adversaires l'ont qualifiée de «mystique», tout en attribuant à ce terme un sens qui ne lui appartient pas. Max Müller pense que chaque objet comporte en lui-même quelque chose qui ressemble à un son. Pour ainsi dire toute chose implique un son, non seulement le verre que nous laissons tomber ou la cloche que nous sonnons, mais absolument chaque chose. La faculté de l'homme d'établir un lien entre son âme et ce son, attaché comme une essence intérieure à chaque chose, provoque dans l'âme la possibilité d'exprimer cette entité sonore intime de la chose, un peu comme on le fait pour la vie intérieure de la cloche lorsqu'on ressent sa tonalité dans le «ding-dong». Les adversaires de Max Müller n'ont pas manqué l'occasion de lui renvoyer la balle en nommant sa théorie la « théorie du ding-dong ». En continuant d'énumérer les combinaisons élaborées avec beaucoup d'application, nous constaterions notre perpétuelle insatisfaction lorsque nous nous efforçons de caractériser de façon extérieure toute théorie basée sur ce genre d'écho que l'âme ferait résonner en direction des choses. Essayons maintenant d'examiner plus en profondeur la vie intérieure de l'homme.

La science spirituelle considère que l'homme est un être très compliqué. Tel qu'il se présente à nous, il nous montre d'abord son corps physique fait des mêmes substances et réglé par les mêmes lois que celles du monde minéral. Ensuite nous distinguons un second élément constitutif, le corps éthérique ou corps de vie. Puis vient l'élément formant le support des plaisirs et des peines, des joies et des souffrances, des désirs, appétits et passions; nous l'appelons le corps astral. La science spirituelle le considère comme un élément constitutif réel de la nature humaine, plus réel même que tout ce que l'on peut toucher et voir. Enfin, il y a le quatrième élément constitutif, le support du Moi. D'autre part, nous avons déjà vu que le niveau actuel du développement de l'homme est caractérisé par le fait que c'est à partir du Moi que sont façonnés les trois autres éléments constitutifs. Nous avons également déjà indiqué que, dans un avenir lointain, le Moi aura transformé ces trois composantes de telle façon qu'il ne restera plus rien de tout ce que la nature ou les forces spirituelles inhérentes à la nature avaient fait de ces trois éléments.

Le corps astral, support des plaisirs et des peines, des joies et des souffrances, de toutes les représentations, sentiments et perceptions qui surgissent et s'évanouissent a été créé sans notre entremise, c'est-à-dire sans la participation de notre Moi. Mais maintenant que le Moi s'est engagé, son travail consiste à épurer et à purifier le corps astral, ainsi qu'à placer toutes ses qualités et activités sous la domination du Moi. Tant que le Moi est peu intervenu sur le corps astral, l'homme demeure esclave de ses désirs et passions; par contre, une fois qu'il a purifié les désirs et les passions, les a transformés en vertus, une fois qu'il a réussi à dominer le caractère « feu follet » de la pensée et l'a insérée dans la logique, alors une partie du corps astral se trouve métamorphosé. D'un produit non encore élaboré par le Moi il est devenu un produit du Moi. Après que le Moi ait accompli consciemment ce travail, travail qui au niveau actuel de l'évolution humaine ne fait que commencer, nous disposons d'une partie du corps astral transformé par le Moi que nous appelons le «Soi-spirituel», ou en terme de philosophie orientale «manas». Lorsque le Moi entreprend un autre travail, bien plus intensif encore, non seulement sur le corps astral mais aussi sur le corps éthérique, nous avons affaire à la partie du corps éthérique transformée par le Moi; nous la nommons

«Esprit de vie», ou en langage oriental «buddhi». Et lorsque le Moi aura acquis tellement de force – mais cela concerne un avenir bien plus lointain – qu'il parviendra à transformer le corps physique et à régler ses lois, lorsque le Moi sera omniprésent et maître de ce qui vit dans le corps physique, nous disposerons d'une partie du corps physique placée sous la domination du Moi que nous appellerons «Homme-esprit», ou «atma» en terme oriental, du fait précisément que ce travail commence par la régulation du processus respiratoire.

Dans un premier temps, l'homme se présente sous forme d'une entité quadripartite: corps physique, corps éthérique, corps astral et le Moi. De même que trois de ces éléments nous viennent du passé, nous pouvons, grâce à l'action du Moi, aussi parler de trois éléments constitutifs qui se développeront à l'avenir. Ainsi peut-on évoquer une entité humaine faite de sept éléments constitutifs. Au corps physique, corps éthérique, corps astral et au Moi s'ajoutent le Soi-spirituel, l'Esprit de vie et l'Homme-esprit. Tout en considérant ces trois derniers éléments dans une perspective lointaine de l'évolution humaine, nous pouvons néanmoins dire que dans un certain sens l'homme est, dès maintenant, préparé à cette évolution. Certes, ce n'est que dans un avenir lointain qu'il pourra, à partir de son Moi pleinement conscient, œuvrer à la transformation des corps physique, éthérique et astral. Mais inconsciemment, c'est-à-dire sans que sa conscience soit entièrement présente, le Moi a déjà travaillé de façon obscure à la transformation de ces trois composantes de son entité. Le résultat est réel. Les éléments psychiques de l'homme, évoqués au cours des récentes conférences[1], n'ont pu émerger que par suite du travail effectué par le Moi sur ses trois éléments constitutifs. Par son travail sur le corps astral il a contribué à créer l'âme de sensibilité, en quelque sorte le reflet intérieur du corps animique sensible. Alors que ce dernier nous communique ce que nous appelons la jouissance (pour l'homme ce corps est identique au corps astral; sans corps animique sensible nous serions privés de la jouissance), cette jouissance se reflète à l'intérieur, au niveau de l'âme, sous forme de désirs que nous attribuons à l'âme. Corps astral et corps astral transformé ou âme de sensibilité font pendant, comme le font la jouissance et le désir. Dans le passé, le Moi a également déjà travaillé sur le corps éthérique. Ce qu'il a entrepris a pour effet qu'au niveau de la vie intérieure l'homme peut disposer de l'âme d'entendement ou âme de sentiment. Cette âme d'entendement, qui est en même temps le support de la mémoire, résulte d'une transformation subconsciente du corps éthérique effectuée par le Moi. Et finalement, pour rendre possible la forme actuelle de l'homme, le Moi a jadis déjà travaillé à la transformation du corps physique. Il en est résulté ce que nous appelons l'âme de conscience. Elle permet à l'homme d'accéder à une connaissance des choses du monde extérieur. Nous pouvons donc parler d'une constitution septénaire de l'homme et préciser ceci: les trois composants psychiques de l'homme, l'âme de sensibilité, l'âme d'entendement et de sentiment, ainsi que l'âme de conscience sont nées d'un travail préparatoire subconscient du Moi. C'est donc bien au niveau de l'inconscient ou du subconscient que s'est effectué le travail du Moi sur ses enveloppes.

Posons-nous maintenant la question suivante: ces trois éléments constitutifs, corps physique, corps éthérique et corps astral, ne sont-ils pas des entités compliquées? Oh, ce corps physique est un édifice vraiment merveilleux! En l'examinant de plus près, nous trouverions que ce corps physique est bien plus complexe que la seule partie transformée en âme de conscience par le Moi, et que nous qualifions de support physique pour l'âme de conscience. Le corps éthérique, lui aussi, est bien plus compliqué que ce que nous appelons le support de l'âme d'entendement ou âme de sentiment. De même le corps astral est plus compliqué que ce que nous appelons le support de l'âme de sensibilité. Comparativement à ce qui existait déjà avant que l'homme ne dispose d'un Moi, ces parties-là sont d'une grande pauvreté. La science spirituelle relate que l'homme s'est développé de la façon suivante: dans un passé infiniment lointain, le premier germe du corps physique fut engendré par des entités spirituelles. A cela s'est ajouté le corps éthérique, puis le corps astral, et en dernier lieu le Moi. De ce fait le corps physique de l'homme'est passé par quatre degrés d'évolution. A l'origine, le corps physique était en correspondance directe avec le monde spirituel. Ensuite il en fut extrait puis imprégné par le corps éthérique. Cela le compliqua. Puis il fut habité par le corps astral, ce qui le rendit encore plus compliqué. S'y ajouta alors le Moi. Et c'est seulement ce que ce dernier entreprit sur le corps physique qui permit d'en modeler une partie pour en faire le support de ce que nous appelons la conscience humaine, la faculté de se procurer une connaissance du monde extérieur. Mais ce corps physique n'est pas seulement appelé à nous transmettre, au moyen des organes sensoriels et du cerveau, une connaissance du monde extérieur. Il a bien d'autres choses à faire. Il doit assurer un certain nombre d'activités qui forment les bases de notre conscience, mais qui se déroulent en totalité hors du domaine du cerveau. Il en est de même pour le corps éthérique et le corps astral.

Une fois que nous avons compris que l'ensemble du monde extérieur alentour est esprit, et que l'esprit – nous l'avons souvent souligné – se trouve à la base de tout ce qui est matériel, éthérique et astral, nous devons tirer la conclusion suivante: le Moi, en sa qualité d'esprit, œuvre de l'intérieur au développement des trois parties constitutives de l'homme. De même, des entités spirituelles ou activités spirituelles (peu importe le terme choisi) doivent avoir travaillé à nos corps physique, éthérique et astral avant que le Moi ne vienne se manifester et poursuivre la transformation de ce qui avait déjà été façonné. Cela nous ramène à des époques où l'activité consacrée à notre corps astral, notre corps éthérique et notre corps physique avait été identique à celle que le Moi extériorise aujourd'hui en faveur de ces trois éléments constitutifs. En d'autres termes, une création spirituelle, une activité spirituelle a travaillé à l'élaboration de nos enveloppes, a apporté forme, mouvement, structure et tout le reste, avant que le Moi ait été en mesure de s'y établir. Nous devons admettre l'idée que l'homme était habité d'activités spirituelles avant même que le Moi n'y travaille; nous portons en nous des activités spirituelles qui sont la condition préalable à toute activité du Moi et qui existaient avant que le Moi puisse intervenir. Essayons un instant d'éliminer tout le travail fait par notre Moi sur les trois parties de notre être, c'est-à-dire sur l'âme de sensibilité, l'âme d'entendement ou de sentiment, ainsi que l'âme de conscience. Contemplons maintenant cet édifice, les mouvements et activités internes de ces trois enveloppes de l'entité humaine. Nous sommes alors amenés à penser qu'une activité spirituelle s'était exercée sur nous avant même que le Moi soit entré en lice.

C'est pourquoi la science spirituelle peut dire que l'homme d'aujourd'hui est doué d'une âme individuelle, d'une âme habitée par le Moi, et que de ce fait chaque être humain constitue une individualité totalement autonome. Avant d'avoir atteint ce stade d'autonomie du Moi, l'homme était tributaire d'une âme-groupe, d'une sensibilité psychique semblable à l'âme-groupe du règne animal. Ce qu'est au niveau de l'homme l'âme individuelle propre à chaque entité, nous le trouvons au niveau de l'animal dans ce qui est à l'origine de l'ensemble de l'espèce. L'ensemble d'une espèce animale possède une âme-groupe animale collective[3]. Ce que l'âme individuelle est pour l'homme, l'âme de l'espèce l'est pour l'animal.

Avant que l'être humain ne soit devenu une âme individuelle, une autre âme, authentique devancière de notre propre Moi – et dont nous n'avons connaissance que par la seule science spirituelle – façonnait ses trois éléments constitutifs. Ce précurseur de notre Moi, cette âme collective ou âme-groupe de l'être humain, qui confia par la suite au Moi les trois parties transformées, c'est-à-dire le corps physique, le corps éthérique et le corps astral, pour que le Moi poursuive ce travail, ce précurseur avait œuvré de façon analogue; à partir de sa vie intérieure, de sa force psychique il avait transformé et structuré à son image les corps physique, éthérique et astral. Et la dernière activité qui est à l'origine de l'être humain avant qu'il ne soit doté d'un Moi, les dernières influences d'avant la naissance du

Moi sont aujourd'hui déposées dans ce que nous appelons le langage humain. Lorsque nous cherchons à savoir, à partir de notre vie consciente, de notre vie d'entendement et de sentiment, de notre vie de sensibilité de quoi procède l'entité humaine, nous trouvons une activité psychique non encore pénétrée par notre Moi, et dont les résultats sont déposés dans ce qui se manifeste dans le langage.

En quoi consiste extérieurement ce que nous appelons les quatre éléments constitutifs de l'entité humaine? Comment cela se manifeste-t-il, extérieurement, dans le corps physique? Le corps physique d'une plante est différent de celui de l'homme. Pourquoi? Parce que la plante ne se compose que d'un corps physique et d'un corps éthérique, alors que le corps physique de l'être humain subit aussi l'action du corps astral et du Moi. Ce qui de la sorte agit intérieurement structure et transforme également le corps physique en conséquence. Qu'est-ce qui a agi sur notre corps physique lorsqu'il fut investi par un corps éthérique ou corps de vie?

Le système glandulaire constitue chez

l'homme aussi bien que chez l'animal l'expression extérieure physique du corps éthérique ou corps de vie, c'est-à-dire que le corps éthérique est l'architecte et le formateur de ce que nous appelons le système glandulaire. Pour sa part, le corps astral est la forme de ce que nous appelons le système nerveux. C'est pourquoi nous ne pouvons parler d'un système nerveux que là où un être est habité par un corps astral. Quelle est chez l'être humain la manifestation du Moi? C'est le système sanguin, et plus particulièrement le sang dépendant de la chaleur vitale interne. Dans la mesure où il est appelé à être inséré dans le corps physique, le travail accompli sur l'homme par le Moi y parvient par le détour du sang. Voilà pourquoi le sang est un «suc très particulier.» Lorsque le Moi élabore l'âme de sensibilité, l'âme d'entendement et l'âme de conscience, ce que le Moi est en mesure de former, de configurer, ne pénètre dans le corps physique que si le Moi est capable d'intervenir dans ce corps physique en passant par le sang. Notre sang est le médiateur pour le corps astral et le Moi ainsi que pour toutes leurs activités.

Comment tout observateur, même superficiel, de la vie pourrait-il mettre en doute que l'homme, par le travail de son Moi sur l'âme de conscience, l'âme d'entendement et l'âme de sensibilité transforme et structure par la même occasion son corps physique? Qui oserait refuser de voir dans l'aspect morpho-physiologique le résultat de ce qui agit et vit à l'intérieur? Qui n'admettrait pas que même l'activité intime de la pensée, dès lors qu'elle saisit entièrement l'âme, va, au cours d'une existence jusqu'à produire une transformation du cerveau? Notre cerveau s'adapte à notre pensée; il est un instrument qui se forme d'après les besoins de notre pensée. Mais lorsque nous considérons la transformation que l'homme est aujourd'hui capable de réaliser sur son être extérieur, en quelque sorte de le façonner avec art, grâce à l'action du Moi, nous devons convenir que le résultat est bien maigre. Ce que nous pouvons entreprendre à partir de notre sang, en puisant dans ce que nous appelons notre chaleur intérieure pour le mettre en mouvement, est bien peu de chose.

Les entités spirituelles qui ont précédé le

travail de notre Moi furent capables de faire mieux, car elles surent se servir d'un support plus efficace. Sous leur influence se développa la forme humaine; celle-ci exprime globalement ce que réalisèrent ces entités à l'œuvre avant l'intervention active du Moi humain. De quel moyen disposèrent-elles? Elles choisirent de façonner l'air. De même que nous travaillons dans la chaleur intime pour provoquer la pulsation et permettre au sang d'être efficace au sein de notre propre forme, de même ces entités antérieures au Moi nous façonnèrent en activant l'air. Les efforts de ces entités pour nous former au moyen de l'air eurent pour effet de nous conférer la forme humaine.

Cela peut sembler étrange d'entendre évoquer ici qu'à une lointaine époque préhistorique des activités spirituelles se sont servies de l'air pour modeler l'être humain. J'ai déjà dit que nous méconnaîtrions la vie spirituelle et psychique personnelle qui surgit en nous, si nous la prenions pour de simples représentations et si nous ignorions qu'elle est puisée dans l'ensemble du monde extérieur. Celui qui prétendrait qu'en nous surgissent des concepts et des idées, alors même qu'au dehors il n'existe pas d'idées, devrait du même coup affirmer qu'il est capable de prélever l'eau d'un verre dans lequel il n'y en a pas. Nos concepts seraient des bulles d'écume s'ils étaient autre chose que ce qui vit aussi dans les choses du monde extérieur et constitue leurs lois. Ce que nous évoquons dans notre âme, nous allons le chercher dans notre environnement. Cela permet d'affirmer: tout ce qui nous entoure matériellement est pénétré et animé par des entités spirituelles.

Il est assez surprenant d'apprendre que l'air n'est pas seulement cette matière que la chimie nous montre, mais qu'il est habité par des entités spirituelles et des activités spirituelles. – Nous savons que, grâce à la chaleur du sang activé par le Moi – et cela est le point essentiel – nous parvenons à modeler un peu notre corps physique; de même, ces entités antérieures au Moi réussirent à modeler très puissamment la forme extérieure de notre être physique en utilisant l'air. C'est pour nous la chose essentielle. Notre qualité d'homme, nous la devons à notre organisation laryngale et à tout ce qui s'y rapporte. Formé de l'extérieur, cet organe merveilleux et artistique du larynx, associé à celui de la voix et de la parole, a été modelé à partir de l'élément spirituel de l'air. – Au sujet de l'œil, Goethe l'a si parfaitement exprimé en disant que l'œil a été formé à partir de la lumière et pour la lumière[4]. – Si, dans l'esprit de Schopenhauer[5], l'on se contente de dire: sans un œil sensibilisé à la lumière, l'impression de lumière n'existerait pas pour nous, on ne détient qu'une semi-vérité. L'autre moitié implique que nous n'aurions pas d'œil si dans un passé préhistorique la lumière n'avait modelé notre œil à partir des organes indéterminés. La lumière n'est donc pas cette entité abstraite que la physique moderne définit, mais nous avons à chercher dans la lumière cette entité cachée capable de produire un œil.

Dans un autre domaine c'est la même chose lorsque nous disons que l'air est habité et activé par une entité qui a été capable, à une certaine époque, d'imprimer à l'homme cet organe merveilleux qu'est le larynx avec ses prolongements. Tout le reste de la forme humaine, jusque dans les moindres détails, fut formé et modelé de façon à ce que l'homme, au niveau actuel de son évolution, soit en quelque sorte une réalisation plus élaborée de ses organes de la parole. En effet, ceux-ci sont déterminants pour la forme humaine. C'est précisément pourquoi le langage élève l'homme au-dessus du règne animal. Cette entité spirituelle que nous appelons l'Esprit de l'air a, certes, également modelé le règne animal, mais pas avec l'efficacité requise pour créer l'organe de la parole comme ce fut le cas pour l'être humain. A l'exception de ce que le Moi a entrepris, par exemple pour élaborer le cerveau, tout (sauf l'activité du Moi) est une activité qui se situe avant l'entrée en lice du Moi humain et qui avait pour but de modeler le corps humain pour qu'il soit une expression plus élaborée de cet organe de la parole. Nous n'avons pas le temps, maintenant, d'expliquer pourquoi les oiseaux, par exemple, malgré leur chant parfait, sont demeurés à un niveau où leur forme ne peut pas être l'expression de cet organe que nous pouvons, dans le sens le plus large du mot, appeler l'organe vocal.

Nous voyons que l'homme était déjà organisé intérieurement au niveau de ses organes de la parole avant même d'avoir acquis sa pensée actuelle, son sentiment et sa volonté, ainsi que tout ce qui dépend du Moi. Cela nous permet maintenant de comprendre que ces activités spirituelles ne peuvent intervenir sur le corps physique autrement qu'en faisant en fin de compte de l'être humain un organe annexe de son instrument de la parole, et ce en structurant le corps astral, le corps éthérique et le corps physique grâce aux influences et à la configuration de l'air. Une fois que l'homme fut ainsi devenu capable d'avoir en lui un organe qui correspond à ce que nous appelons l'entité spirituelle de l'air, au même titre que l'œil correspond à l'entité spirituelle de la lumière, il put y insérer et modifier ce que le Moi s'était lui-même imprimé sous forme de la raison, de la conscience, de la sensibilité et du sentiment. Nous avons donc à chercher dans le subconscient une triple activité, une activité datant d'avant le Moi et destinée au corps physique, au corps éthérique et au corps astral. A ce titre nous disposons d'indices, car nous savons que ce fut l'affaire de l'âme-groupe et que celle-ci a imparfaitement façonné l'animal.

Nous devons en tenir compte lorsque nous examinons le travail effectué dans le corps astral par cette activité spirituelle d'avant le Moi. Nous devons nous représenter le Moi complètement éliminé, et essayer de saisir l'œuvre accomplie à partir d'arrière-fonds obscurs par le seul Moi-collectif, le Moi-groupe. A un niveau imparfait, le désir et la jouissance sont face à face dans le corps astral. Etant donné que le désir avait déjà un précurseur avec le corps astral de l'homme, il fut pour ainsi dire intériorisé, transformé en une faculté intérieure.

A l'image du désir et de la jouissance dans le corps astral, le corps éthérique connaît aussi une opposition, celle du symbole et de la stimulation extérieure. Il est essentiel pour nous de voir que cette activité dans notre corps éthérique, antérieure au Moi, est différente de l'activité du Moi au sein du corps éthérique. Lorsque notre Moi est actif sous forme d'âme d'entendement ou d'âme de sentiment, il cherche, au stade actuel de l'évolution humaine, une vérité qui soit le plus possible une image fidèle des choses extérieures. Ce qui ne correspond pas exactement aux choses extérieures passe pour ne pas être vrai. Les activités spirituelles d'avant l'entrée en lice de notre Moi ne travaillaient pas de la même manière. Elles travaillaient de façon plus symbolique, plus imagée, un peu comme le fait le rêve. Celui-ci se présente, par exemple, de la façon suivante: quelqu'un rêve d'un coup de fusil. En se réveillant il constate que la chaise à côté de son lit est tombée. L'événement extérieur et l'impression extérieure, c'est-à-dire la chute de la chaise, sont transformés par le rêve en un symbole, celui du coup de fusil. L'activité des entités spirituelles d'avant le Moi reposait sur ce mode de travail symbolique. C'est d'ailleurs comme cela que nous œuvrerons de nouveau lorsque, grâce à l'initiation, nous accéderons à un travail spirituel supérieur, où nous tenterons de nouveau, mais alors en pleine conscience, de passer du monde extérieur abstrait à celui des symboles et de retrouver le monde des images.

Ensuite ces entités spirituelles façonnèrent le corps physique humain en faisant de l'homme ce que l'on peut appeler une concordance d'événements extérieurs, de faits extérieurs et d'imitation. L'imitation existe, par exemple, chez le petit enfant, tant que les autres parties de l'âme sont encore peu développées. L'imitation fait partie de la nature subconsciente de l'être humain. C'est pourquoi la première éducation doit être fondée sur l'imitation, parce que chez l'homme, avant que le Moi ne se mette à faire de l'ordre dans ses activités intérieures, le besoin d'imitation existe tout naturellement.

Ce que nous venons d'exposer: le besoin d'imitation dans le corps physique face aux activités extérieures, la symbolisation dans le corps éthérique face aux stimulations du dehors, et finalement ce que nous pouvons appeler la concordance dans le corps astral entre désir et jouissance, tout cela nous nous le représentons comme élaboré avec l'aide de l'air comme outil, et inséré en nous de telle sorte qu'une empreinte plastique, pourrions-nous dire, ou artistique s'est formée dans notre larynx et dans notre organisme de la parole. Nous pourrons alors nous dire ceci: ces entités d'avant le Moi se servaient de l'air pour former et structurer l'homme de telle sorte que l'air puisse se manifester dans l'homme selon cette triple orientation.

En observant comment se présente la faculté du langage, nous sommes amenés à nous demander si ce que nous produisons est réellement le son. Non, ce n'est pas le son! Nous faisons la chose suivante: nous mettons en mouvement et formons, à partir de notre Moi, ce qui avait été modelé et structuré en nous par l'air. De même que nous mettons en mouvement l'œil afin de capter ce qui agit extérieurement en tant que lumière, car l'œil existe précisément en vue de cette captation de la lumière, – de même voyons-nous comment en nous-mêmes les organes, qui avaient été formés à partir de l'élément spirituel de la lumière, sont maintenant mis en mouvement par le Moi. Par notre Moi nous activons les organes. Nous intervenons dans les organes qui correspondent à l'Esprit de l'air, et nous devons attendre jusqu'à ce que l'Esprit de l'air, par lequel les organes avaient été formés, fasse résonner vers nous le son, en écho à notre activité de l'air. Ce n'est pas nous qui produisons le son, pas plus que ne le font les différentes parties d'un sifflet. Nous-mêmes, nous produisons ce que le Moi peut exercer en utilisant les organes engendrés et formés par l'Esprit de l'air. Ensuite, pour que retentisse la parole, nous devons nous en remettre à l'Esprit de l'air afin que l'air soit mis en mouvement par l'activité qui avait engendré ces organes.

Nous constatons en effet que le langage humain doit reposer sur la triple correspondance déjà évoquée. Mais quel est le contenu de ces correspondances? Sur quoi repose l'imitation au niveau du corps physique? Elle consiste à imiter, par les mouvements de nos organes de la parole, les activités extérieures ou choses extérieures que nous percevons, mais aussi tout ce qui fait une impression sur nous. Il s'agit de produire toute sonorité qui résonne à notre oreille, puisqu'en vertu du principe régissant le corps physique nous sommes des imitateurs de toutes les impressions extérieures qui nous frappent. C'est comme pour un peintre imitant une scène qui est faite d'éléments autres que la couleur, la toile, le clair-obscur. Comme le peintre imite un clair-obscur, nous imitons à notre tour ce qui du dehors vient à nous. Nous stimulons l'activité imitative de nos organes qui ont été formés par l'élément de l'air. De ce fait, ce que nous produisons dans le son est une imitation réelle de l'essence des choses, et nos voyelles et consonnes ne sont rien d'autre que des copies et des imitations de ce qui du dehors fait une impression sur nous.

Ensuite, ce que nous avons dans le corps éthérique est un travail de nature imagée. Le corps éthérique se voit enrichi par ce que nous appelons des symboles. Dès lors, on peut comprendre qu'au début les premiers éléments de notre langage découlèrent de l'imitation, mais qu'une fois libéré des impressions extérieures un processus de perfectionnement et de structuration se soit instauré. Au moyen de symboles, comme dans le rêve, le corps éthérique, façonne ce qui ne ressemble plus du tout aux impressions extérieures. C'est en cela que consiste le progrès conduisant au son. D'abord le corps éthérique façonne ce qui est pure imitation, ensuite, à l'intérieur du corps éthérique, cette imitation se transforme d'elle-même et devient quelque chose d'autonome. Ce que nous avons façonné intérieurement n'est plus que symbolique par rapport aux impressions extérieures. Nous ne sommes alors plus de simples imitateurs. Terminons par le troisième aspect. Désirs, émotions, et tout ce qui vit à l'intérieur s'expriment dans le corps astral, ce qui provoque à son tour une transformation supplémentaire du son. C'est-à-dire que les expériences intérieures rayonnent en quelque sorte de l'intérieur vers et dans le son. Souffrances et joies, plaisirs et peines, envies, désirs, tout cela rayonne vers le son et l'inonde, y introduisant du même coup un élément subjectif. Ce qui est simple imitation, ce qui est façonné sous forme de symboles de la parole au sein de l'image sonore devenue autonome, voit sa transformation accentuée par le fait d'être pénétré des expériences intérieures humaines, telles la douleur et la joie, le plaisir et la peine, l'horreur et la crainte etc. Ce qui se dégage de l'âme sous forme de sons doit toujours correspondre à quelque chose d'extérieur. Mais lorsque l'âme exprime l'expérience vécue intérieurement et la laisse en quelque sorte se couler dans le son, elle doit préalablement rechercher l'expérience extérieure correspondante. Nous sommes donc amenés à dire: le troisième élément, où le plaisir et la peine, la joie et la douleur, l'effroi etc., se manifestent intérieurement, psychiquement par le son, ce troisième élément doit d'abord chercher ce qui lui correspond. Dans le cas de l'imitation l'impression extérieure est imitée, certes, mais l'image sonore ou le symbole engendré constitue une élaboration plus développée. Ce que l'homme exprimerait en sons, à partir des seules joies et peines intérieures, ne constituerait toujours qu'un rayonnement dépourvu de toute correspondance. Ce qu'est ici la correspondance entre l'entité extérieure et l'expérience intérieure, c'est-à-dire ce qui se déroule ici, peut être sans cesse observé chez nos enfants lorsqu'ils apprennent à parler. Nous pouvons donc voir comment l'enfant transpose en sons ce qu'il ressent. Lorsqu'il crie pour la première fois «MA» ou «PA», il ne s'agit de rien d'autre que d'une émotion intérieurement transformée en un son. Il ne s'agit que de l'extériorisation d'un vécu intérieur. Lorsque l'enfant se manifeste de la sorte, la mère accourt, et l'enfant remarque qu'un événement extérieur correspond à cette extériorisation du sentiment de joie éprouvé à l'intérieur et traduit par le son «MA». Bien entendu, l'enfant ne cherche pas à savoir comment cet appel suscite l'arrivée de sa mère. Le sentiment intérieur de joie ou de peine coïncide avec une manifestation extérieure, et ce qui émane de l'intérieur rejoint la manifestation extérieure. C'est là un troisième genre de l'action du langage. Nous pouvons donc dire ceci: le langage est apparu autant par un mouvement de l'extérieur vers l'intérieur, telle l'intériorisation consécutive à l'imitation, que par l'adjonction d'une réalité extérieure à ce qui s'exprime à l'intérieur. Car ce qui a conduit à faire d'une manifestation tout intérieure – «MA» ou «PA» – les mots maman ou papa, du fait que l'appel émis a été récompensé par l'arrivée de la mère ou du père, est un fait fréquemment vérifiable. Partout où nous voyons quelque chose se dérouler à la suite d'une manifestation intérieure, nous concluons à un lien entre l'expression intérieure et l'expression extérieure.

Tout cela se déroule sans la participation du Moi. C'est bien plus tard seulement que le Moi se chargera de cette activité. De la sorte nous voyons ce qui, antérieurement au Moi, œuvre à cette structuration, véritable base à toute faculté d'expression orale de l'homme. Une fois que les fondements du langage sont établis, le Moi intervient et le langage se nuance en fonction de la nature du Moi. De ce fait les manifestations traduisant le corps de sensibilité sont pénétrées par l'âme de sensibilité; les images et symboles qui correspondent au corps éthérique sont pénétrés par l'âme d'entendement. L'homme déverse dans le son ce qu'il éprouve dans l'âme d'entendement; il y verse également ce qui est vécu dans l'âme de conscience et qui était dans un premier temps de la simple imitation. De cette façon sont nés peu à peu les domaines de notre langage qui ne font que restituer les expériences intimes de l'âme.

Pour comprendre la nature du langage nous devons savoir qu'en nous vit quelque chose qui était en action antérieurement au Moi, – et avant que celui-ci se mette à agir, – et que c'est dans cette chose que le Moi a déversé ce qu'il est en mesure d'élaborer. Dès lors nous ne devons pas nous attendre à ce que le langage corresponde exactement à ce qui émane du Moi, et qu'à la source la plus intime de notre entité humaine convienne exactement ce langage. Il faut se faire à l'idée que le langage ne traduit jamais l'expression immédiate du Moi. Dans le corps éthérique, par exemple, l'esprit du langage travaille par symboles, dans le corps physique par imitation, le tout d'ailleurs en même temps qu'avec ce que l'esprit du langage extrait de l'âme de sensibilité, en la pressant pour en faire sortir les expériences intimes en sorte que le son soit l'expression de la vie intérieure. Tout cela réuni peut justifier ce que nous pensons lorsque nous affirmons: le langage n'a pas été élaboré en accord avec ce qui découle aujourd'hui du

Moi lucide, mais, pour utiliser une comparaison, l'élaboration du langage ressemble plutôt à la création artistique. Nous n'attendons pas d'un artiste que son imitation corresponde à la réalité; de même, nous ne pouvons pas exiger que le langage copie ce qu'il doit exprimer. Nous avons dans le langage quelque chose qui restitue tout simplement ce qu'il y a à l'extérieur comme un tableau, à l'image de ce que fait l'artiste lorsqu'il restitue ce qu'il voit en dehors. Nous pouvons même ajouter: avant que l'homme soit devenu l'esprit conscient qu'il est aujourd'hui, il y avait en lui un genre d'artiste agissant en qualité d'esprit du langage. Nous avons introduit notre Moi dans un lieu où, précédemment, un artiste exerçait son activité. C'est une explication quelque peu imagée, certes, mais elle ne restitue pas moins la vérité en ce domaine. Nous observons une activité subconsciente et ressentons que nous détenons quelque chose qui a fait de nous ce chef-d'œuvre qu'est l'être humain doué de parole. Nous devons donc concevoir la parole par analogie avec une création artistique. Mais n'oublions pas que toute œuvre d'art ne peut être comprise qu'avec les seuls moyens autorisés par l'art concerné. Par conséquent, le langage, à son tour, nous impose certaines restrictions. Si l'on en tenait compte, il serait d'avance impossible que puisse être réalisé un ouvrage comme celui de Fritz Mauthner *La critique du langage*, issu d'une impulsion pédante. Dans ce cas la critique linguistique repose sur des hypothèses totalement fausses. Elle affirme que tout regard porté sur les diverses langues de l'humanité permet de dire qu'elles ne nous communiquent d'aucune façon la vraie réalité objective. Doivent-elles la donner? Existe-t-il une possibilité pour qu'elles la donnent? Il n'y a pour le langage pas plus de chance de restituer la réalité, que pour une toile couverte de couleurs et de clair-obscur de restituer la réalité extérieure. C'est avec une sensibilité artistique qu'il faut comprendre ce qui, sous forme de l'esprit du langage, est à la base de l'action humaine.

Tout cela nous n'avons pu que l'esquisser. Mais lorsqu'on sait qu'au sein de l'humanité agit un artiste qui forme le langage, on peut comprendre – quelles que puissent être les divergences entre les langues – que même dans les langues différentes le sens artistique est intervenu des façons les plus diverses. Nous saisissons alors que l'esprit du langage – c'est ainsi que nous pouvons appeler cette entité qui agit à travers l'air – lorsqu'il se manifeste à un niveau relativement bas chez l'homme, travaille comme l'esprit atomistique pour qui tout n'est qu'assemblage de particules. Nous avons alors la possibilité de voir la construction d'un langage où les phrases procèdent d'un assemblage de différentes images sonores.

Pour la langue chinoise, par exemple, les sons *Schi* et *king* sont deux atomes de la langue. *Schi*, la première syllabe veut dire « chant », et l'autre signifie «livre». En réunissant ces deux images sonores, nous obtenons *Schi-king* et nous aurions fait comme en français où la réunion des fragments « livre-chant » conduit au concept global: « le livre de chant ». Voilà un petit exemple pour montrer comment la langue chinoise forme ses concepts et ses représentations.

En méditant un peu ce que nous avons examiné aujourd'hui nous parvenons à comprendre de quel esprit procède, par exemple, la langue sémite si merveilleusement formée. La base de cette langue est formée d'images sonores ne comprenant pour ainsi dire que des consonnes. L'homme y ajoute des voyelles. Prenons par exemple les consonnes *q, t, l*, et ajoutons-y un *a*, puis encore un *a*. Le mot formé uniquement de consonnes, imitation d'une impression sonore extérieure, devient, par l'adjonction des voyelles, *qatal*, ce qui veut dire *tuer*.

Nous avons affaire ici à une curieuse interpénétration, puisque l'image sonore «tuer» résulte de ce que le processus extérieur a simplement été imité par les organes de la parole. Telle est l'image sonore primitive. Ensuite, ce qui ne peut être vécu qu'à l'intérieur et que l'âme est appelée à perfectionner, est complété par quelque chose venant de l'intérieur. L'image sonore est perfectionnée pour que le fait de tuer puisse être attribué à un sujet. Au fond, c'est de cette manière que l'ensemble de la langue sémite est composée. En elle s'expriment les différents éléments mentionnés qui coopèrent à l'édification du langage. Le symbolisme, c'est-à-dire l'esprit du langage agissant au sein du corps éthérique, qui est plus spécialement actif dans la langue sémite, démontre toute la particularité de cette langue qui perfectionne les images sonores, issues de l'imitation, et les transforme en symboles par l'adjonction de voyelles.

Pour cette raison, tous les mots des langues sémites sont formés en sorte de se comporter comme des symboles du monde extérieur alentour. Par contre, ce qui apparaît dans les langues indo-germaniques est plus particulièrement animé par ce que nous avons appelé la manifestation intérieure du corps astral, de l'entité intime. Le corps astral est incontestablement en rapport avec la conscience. En s'opposant au monde extérieur, on s'en distingue; mais lorsque c'est seulement du point de vue du corps éthérique que l'on y fait face, on se fond en lui, on devient un avec le monde extérieur. C'est uniquement quand les choses se reflètent dans la conscience que l'on se distingue d'elles. Ce travail du corps astral avec tout son vécu intérieur est, contrairement à ce qui se passe dans les langues sémites, merveilleusement exprimé dans les langues indogermaniques par le verbe *être,* lequel constate ce qui existe sans notre participation. Cela est possible parce qu'au niveau de notre conscience nous nous distinguons de ce qui produit une impression extérieure. Lorsque la langue sémite veut, par exemple, dire «Dieu est bon», elle ne peut le faire directement car elle n'est pas à même de restituer le mot *est* qui indique *l'être,* étant donné que celui-ci procède déjà de l'opposition entre corps astral et monde extérieur. Le corps éthérique se contente de poser les choses. De ce fait on aurait à dire en langue sémite « Dieu, le bon ». Dans ce cas, on ne caractérise pas l'opposition du sujet à l'objet. Les langues qui se distinguent du monde extérieur, et dont un aspect essentiel consiste à répandre sur le monde extérieur un tapis de perceptions, sont principalement d'origine indo-germanique. Elles ont un effet de retour sur l'homme en renforçant l'intériorité, c'est-à-dire tout ce qui relève des dispositions permettant de développer une individualité puissante, un Moi fort. Cela, la langue l'exprime déjà bien.

Tout ce que j'ai pu vous exposer sera peut-être ressenti par certains comme des indications insatisfaisantes, pour la simple raison qu'il faudrait parler pendant quinze jours si l'on voulait tout exposer en détail. Toutefois, celui qui a souvent fréquenté nos conférences et en a saisi l'esprit, verra que des indications comme celles que nous avons données aujourd'hui ne sont pas injustifiées. Il s'agissait de montrer simplement comment amorcer, du point de vue de la science spirituelle, des réflexions d'ordre linguistique, d'où résulte que la langue ne saurait être véritablement comprise si elle n'est pas abordée avec un sens artistique que l'on doit avoir acquis. Toute érudition est vouée à l'échec si elle ne veut pas créer à son tour ce que l'artiste du langage a créé en l'homme avant que le Moi ne s'y soit mis à l'œuvre. Seule la sensibilité artistique est en mesure de saisir les secrets du langage, comme d'ailleurs seul le sens artistique est capable de créer. Aucune abstraction savante ne parviendra jamais à comprendre un chef-d'œuvre. Pour qu'une idée soit en mesure de pénétrer une œuvre d'art, il faut qu'elle soit à même d'imiter de façon féconde ce que l'artiste a exprimé par d'autres moyens, tels la couleur, le son etc. Il faut un sens artistique pour comprendre l'artiste, et seul l'artiste de la parole peut comprendre la nature créatrice spirituelle de toute création linguistique. C'est un des aspects que la science spirituelle doit entreprendre dans le domaine linguistique.

L'autre aspect est important pour la pratique du langage. Lorsque nous aurons compris comment le langage fut créé par un artiste intérieur pré-humain, nous parviendrons aussi à laisser agir en nous ce sens artistique chaque fois que nous aurons à dire ou à exprimer par le langage quelque chose de valable. Mais à notre époque, la sensibilité vivante à l'égard de la langue est peu développée, et il existe très peu de compréhension dans ce domaine. Aujourd'hui, chacun pense que dès qu'il sait parler, il a le droit d'exprimer n'importe quoi. Or nous devons savoir que nous avons de nouveau à établir dans notre âme un rapport direct entre ce que nous désirons exprimer par le langage et la façon dont nous le faisons. Nous devons réveiller en nous, dans tous les domaines, l'artiste de la parole. Les gens se contentent d'exprimer n'importe comment ce qu'ils ont à dire. Peu de gens peuvent comprendre que le sens artistique du langage est une nécessité absolue pour toutes les descriptions fournies par la science spirituelle. Essayez d'examiner de vrais récits donnés par elle. Vous trouverez que l'authentique investigateur spirituel qui a écrit de telles choses a pris soin de modeler avec art chaque phrase, et que ce n'est pas pour rien que le verbe est placé au début ou à la fin de la phrase[6]. Vous découvrirez que chacune de ces phrases est une naissance, parce que dans l'âme elle ne doit pas être vécue seulement comme une pensée, mais aussi dans sa forme immédiate. Et si vous suivez la démarche d'un exposé, vous trouverez que dans une suite de trois phrases la médiane n'est pas simplement accrochée à la première, et la troisième à la précédente, mais vous verrez que quiconque présente une description relevant de la science spirituelle a déjà parfaitement modelé non seulement la première mais aussi la troisième phrase avant que soit formulée la médiane, parce que l'effet de la phrase médiane dépend de l'effet résiduel de la première et de l'effet pouvant être transmis à la phrase suivante.

La science spirituelle ne saurait se passer d'un sens artistique du langage. Toute autre attitude est néfaste. Il s'agit de se libérer de l'enchaînement servile aux mots. Mais nous n'y parviendrons pas tant que nous nous imaginerons qu'un mot donné peut exprimer notre pensée. Ce serait mal comprendre la genèse du langage. Nos mots sont structurés en fonction du monde extérieur, et nous ne pouvons jamais en tirer ce qui doit permettre d'exprimer des faits suprasensibles. C'est faire preuve d'incompréhension que de demander: comment faut-il exprimer concrètement par des mots ce que sont en réalité le corps éthérique ou le corps astral? Tout autre est l'attitude de celui qui se dit: je saurai ce qu'est le corps éthérique si je me fais d'abord décrire ce qu'il est, vu sous un certain angle, sachant qu'il s'agit dans ce cas d'images-reflet artistiquement formées; ensuite je me fais décrire la même chose à partir des trois autres côtés. Une seule et même chose est alors caractérisée de quatre angles différents, en sorte que ces descriptions, données au moyen du langage, font le tour de la chose et fournissent sous une forme artistique des images-reflet. Tant que l'on n'a pas conscience de cela, on ne détiendra toujours que des abstractions et une restitution sclérosée de ce que l'on sait déjà. Voilà pourquoi toute évolution en science spirituelle sera toujours liée à ce que nous appelons le développement de la sensibilité intérieure et de la force créatrice intime de notre langage.

C'est en ce sens que la science spirituelle pourra avoir un effet fécond sur l'actuel style du langage et contribuer à transformer un style qui, aujourd'hui, est réellement épouvantable et ignore tout des qualités artistiques du langage. Cela explique que tant de gens incapables de s'exprimer correctement et de rédiger un texte se consacrent néanmoins à l'écriture. On a depuis longtemps oublié que la prose est un art très supérieur à celui du poème; or la prose moderne est d'un niveau extrêmement pauvre. Mais la science spirituelle est là pour apporter des impulsions dans les domaines qui touchent aux niveaux les plus bas de l'humanité. Car l'action de la science spirituelle en ces domaines sera telle qu'elle réalisera ce à quoi les plus grandes personnalités ont toujours rêvé. Au moyen de la pensée elle réussira à conquérir les mondes suprasensibles et deviendra capable de transposer la pensée en images sonores de telle sorte que notre langage pourra redevenir un moyen de communication[7] pour ce que les âmes contemplent dans le suprasensible. La science spirituelle aura alors pour effet de dévoiler dans une large mesure cette vérité qu'exprime pour un des domaines les plus importants de la vie intime de l'homme la sentence suivante:

« Incommensurablement profonde est la pensée
Et la parole est son instrument ailé![8] »

Rire et pleurer

Berlin, 3 février 1910

On pourrait penser que le thème de ce jour n'est guère important et ne saurait trouver sa place dans une suite de conférences portant sur des sujets de science spirituelle. Or, lorsque l'on traite de questions conduisant vers les régions supérieures de l'existence, on commet souvent l'erreur de négliger les détails de l'existence, les réalités quotidiennes immédiates. En général les gens aiment bien entendre parler de l'infinitude et de la finitude de la vie, des qualités suprêmes de l'âme, des grandes questions de l'évolution du monde et de l'humanité, et peut-être même de choses encore bien plus élevées; on apprécie de ne pas être trop absorbé par des problèmes du journalier tels ceux, par exemple, qui vont nous préoccuper aujourd'hui et semblent se situer à ce niveau-là. Toute personne qui s'efforce de suivre la voie permettant d'accéder aux domaines de la vie spirituelle,

telle qu'évoquée au cours de la présente série de conférences[1], sera de plus en plus convaincue que la progression tranquille, pas à pas, allant du connu à l'inconnu s'avère très salutaire. D'autre part, maints phénomènes nous rappellent que chez les plus grands esprits, comme d'ailleurs au niveau de la conscience humaine en général, le fait de rire et de pleurer n'a jamais été considéré comme une attitude purement prosaïque. Souvenons-nous que la conscience à l'œuvre dans les légendes et les grandes traditions – souvent avec bien plus de sagesse que la conscience humaine individuelle – avait prêté à Zarathoustra, cette grande personnalité si importante pour la culture orientale, le célèbre «sourire de Zarathoustra». Du temps des légendes, on attribuait une valeur significative au fait que ce grand esprit soit entré dans le monde en souriant. Puisant dans la sagesse profonde de l'histoire cosmique, le récit dit encore que ce sourire de Zarathoustra avait fait jubiler toutes les créatures du globe et fait fuir tous les mauvais esprits et les adversaires.
– Lorsque nous passons de la conscience

qui anime la tradition légendaire à celle inspirant les créations d'un grand esprit comme Goethe, nous pouvons évoquer le personnage de Faust qui incarne le plus parfaitement les sentiments et représentations de son auteur. Après que Faust soit tombé au plus profond du désespoir en ce qui concerne l'existence et ait frôlé le suicide, Goethe lui fait dire au moment où sonnent les cloches de Pâques: « La larme jaillit, la Terre m'a reconquis![9] » Pour le poète, les pleurs symbolisent l'attitude intérieure qui permet à Faust, sombré dans la plus profonde détresse, de reprendre place dans le monde; les larmes sont véritablement le symbole des retrouvailles de l'homme avec les conditions terrestres.

Nous voyons donc, pour peu que l'on veuille y penser, que l'étude du rire et des pleurs peut nous fournir des révélations enrichissantes. Certes, on peut croire que c'est plus commode de spéculer sur l'essence de l'esprit que de rechercher l'esprit dans des manifestations où nous le trouvons lorsque nous contemplons le monde tel qu'il se présente directement à nous. L'essence même de l'esprit, en premier lieu de celui de l'homme, se rencontre précisément dans cette manifestation de l'âme humaine qui s'exprime par le rire et le pleurer. Mais pour comprendre cet étrange phénomène psychique, il convient de voir réellement dans ces deux manifestations de l'être humain l'expression de sa vie spirituelle intime. Encore faut-il non seulement admettre une telle entité spirituelle mais la comprendre. C'est à la compréhension de cette nature spirituelle de l'homme que nous avons consacré toutes les conférences faites au cours de la présente période hivernale. Il suffit donc d'évoquer brièvement comment la science de l'esprit considère l'entité humaine. Car même pour comprendre le rire et les pleurs, l'entité humaine doit être examinée à la lumière de la science de l'esprit.

Nous avons vu comment l'homme se présente à nous lorsque nous le considérons dans la totalité de son être. Il est constitué d'un corps physique qu'il a en commun avec l'ensemble du règne minéral, d'un corps éthérique ou corps de vie qu'il possède en commun avec le règne végétal, puis d'un corps astral qu'il a en commun avec le règne animal et qui est le support des plaisirs et des peines, des joies et des souffrances, des effrois et des étonnements, et même de toutes les idées qui quotidiennement, du matin au soir, fluent et refluent dans la vie de l'âme. L'entité humaine se présente d'abord à nous sous la forme de ces trois enveloppes extérieures. Et c'est à l'intérieur de ce support que vit le Moi humain grâce auquel l'homme devient le couronnement de la création. A son tour ce Moi agit dans cette vie de l'âme composée de trois éléments dont l'inférieur est l'âme de sensibilité, le suivant l'âme d'entendement ou de sentiment, et le troisième l'âme de conscience. Nous avons également vu comment le Moi façonne ces trois composantes de l'âme afin d'amener l'homme à une perfection toujours plus poussée.

Qu'y a-t-il à la base de tout ce travail du Moi au sein de l'âme humaine?

Voyons comment ce Moi se manifeste de diverses manières. Un quelconque être ou objet du monde extérieur se présente à ce Moi de l'homme, se présente au noyau central de sa vie spirituelle. Le Moi ne reste pas indifférent face à cet être ou cet objet mais s'exprime d'une certaine manière; il réagit intérieurement, au fond de son âme, d'une façon ou d'une autre. Un objet lui plaît ou lui déplaît. Devant un événement donné, le Moi peut jubiler de joie ou sombrer dans une profonde tristesse; il peut reculer d'effroi et de peur, ou alors admirer et enlacer affectueusement l'événement ou l'être. Il peut ressentir intérieurement: cet événement auquel je suis confronté, je le comprends – ou je ne le comprends pas.

En épiant l'activité du Moi, depuis le réveil jusqu'à l'endormissement, nous pouvons voir comment il s'efforce de se mettre à l'unisson du monde extérieur. Lorsqu'un objet lui plaît, ou lorsqu'il éprouve le sentiment «cet être est chaleureux!», alors se tisse un lien entre nous et l'objet; quelque chose de nous-mêmes enlace l'objet. Au fond, c'est bien cela que nous faisons avec l'ensemble de notre monde environnant. Il apparaît que toute notre vie diurne, pour ce qui est de l'agir intime de l'âme, tend à établir une harmonie entre notre Moi et le reste du monde. Nos expériences face aux objets et aux êtres du monde extérieur, ainsi que ce qui se reflète dans les processus de notre vie psychique, n'agissent pas seulement sur nos trois éléments de l'âme, du fait précisément que le Moi y réside; cela se répercute également sur le corps astral, le corps éthérique et le corps physique. Nous avons déjà souvent évoqué, par exemple, comment la relation établie par le Moi avec un quelconque être ou objet ne se contente pas de réveiller les émotions du corps astral et d'activer les courants et mouvements du corps éthérique, mais agit aussi jusque dans le corps physique. N'aurions-nous jamais eu l'occasion de voir, par exemple, une personne pâlir à l'approche d'un événement terrible? Que s'est-il passé d'autre sinon que le rapport établi par le Moi entre lui et le fait terrifiant, ce lien tissé de lui à l'objet, s'est répercuté jusque dans le corps physique, au point de donner à la circulation sanguine un mouvement autre que l'habituel? En un certain sens, le sang s'est retiré de la corporéité extérieure et de ce fait a provoqué le blêmissement. Nous avons aussi déjà mentionné cet autre exemple caractéristique: la rougeur de la honte. Lorsque nous pensons devoir établir entre nous et un être de notre entourage un rapport où nous souhaiterions de préférence nous effacer momentanément, où nous souhaiterions ne pas être vus, le sang monte à la tête. Dans les deux cas le rapport du Moi au monde extérieur produit un certain effet sur le sang. Nous pourrions citer de nombreux exemples pour illustrer comment les expériences du Moi par rapport au monde extérieur se traduisent dans le corps astral, le corps éthérique et le corps physique.

Lorsque le Moi s'efforce d'établir l'accord ou un certain rapport avec son entourage, on peut envisager des cas tout à fait particuliers. Dans certaines de ces situations par rapport à notre environnement nous pouvons dire ceci: nous trouvons la juste attitude du Moi à l'égard de tel objet ou de tel être. Même lorsque nous avons peur d'un être et que cette peur est fondée, nous pouvons dire: puisqu'il aura ultérieurement l'occasion d'apprécier correctement la situation, notre Moi ressent que même dans le cas de cette peur il s'est trouvé en accord avec son entourage. Le Moi se sent plus particulièrement en accord avec son environnement lorsqu'il s'efforce, par exemple, de comprendre telles ou telles données du monde extérieur, et qu'il parvient à saisir au moyen de ses concepts, sentiments et sensations la signification des objets qu'il cherche à s'expliquer. Dans ce cas, le Moi se sent pour ainsi dire uni aux objets qu'il cherche à comprendre. C'est comme s'il se dépassait pour s'identifier aux objets, sentant alors l'exactitude du lien établi. On peut aussi prendre le cas où le Moi vit parmi d'autres êtres humains avec lesquels il établit un rapport très précis d'amitié. Grâce au lien ainsi tissé, le Moi accède à un sentiment de satisfaction et de bonheur; il ressent un lien harmonieux entre lui et le monde. Dans un premier temps, cette situation s'exprime dans le Moi de la façon suivante: il se sent à l'aise et répercute ce bien-être sur ses enveloppes, c'est-à-dire sur le corps astral et le corps éthérique.

Il peut aussi arriver que le Moi puisse ne pas être capable de réaliser cet accord, c'est-à-dire cette relation qui passe pour être normale. Lorsque le Moi ne parvient pas à réaliser immédiatement ce rapport normal, il peut se trouver dans une situation singulière. Supposons que le Moi se heurte dans le monde extérieur à un objet ou un être avec lequel il ne parvient pas à établir le genre de rapport lui permettant de comprendre de quoi il s'agit et d'en justifier l'existence au moyen de concepts et de représentations. Imaginons ce Moi s'efforçant d'établir un rapport avec le monde extérieur mais ne réussissant pas vraiment à établir un lien normal entre lui et ce monde extérieur. Dans une telle situation notre Moi aura besoin d'accéder néanmoins en lui-même à une certaine attitude à l'égard de cette donnée du monde extérieur. Voyons un cas concret: dans le monde extérieur nous rencontrons un être que nous ne cherchons pas à comprendre parce que notre Moi estime que ce n'est pas la peine d'en approfondir la nature, étant donné que nous sentons qu'entreprendre cet effort revient à gaspiller nos forces de connaissance et de compréhension. Par contre, en rencontrant un autre être, nous pourrions dire: je vais m'efforcer de le comprendre et m'astreindre à unir mon être au sien. Dans le premier cas nous estimons que c'est inutile de faire cet effort. En nous unissant à lui, nous dilapiderions nos forces de compréhension. Il ne nous reste alors qu'à opter pour une attitude tout à fait particulière: établir un mur de séparation. Vis-à-vis d'un être de ce genre, nous n'avons pas l'intention de nous consacrer à lui, nous ne tenons pas à nous fondre en lui. En d'autres termes, nous désirons nous dégager de cet être, nous en libérer; au lieu de pénétrer dans l'autre, nous nous efforçons de rester nous-mêmes en détournant de lui notre énergie, dont nous prenons conscience du fait même qu'en nous élevant au-dessus de l'autre nous renforçons notre soi-conscience. Une telle situation à l'égard d'un être éveille en nous un sentiment de libération par rapport à lui. Par contre, chez un être que nous comprenons et en qui nous plongeons, soit par le moyen de la connaissance soit par celui de l'amour et de la compassion, nous ne ressentons pas ce désengagement du Moi; bien au contraire, dans ce cas nous

nous sentons attiré vers cet être. Dans le cas évoqué plus haut nous ressentons que notre Moi perdrait quelque chose s'il plongeait dans l'autre, alors qu'il s'agit précisément de préserver la cohésion de nos forces.

Face à une conscience de ce genre, l'observation clairvoyante peut constater comment le Moi rétracte en quelque sorte le corps astral et le protège des impressions que son environnement ou l'autre être sont susceptibles de faire sur lui. Certes, si nous ne fermons pas les yeux et ne nous bouchons pas les oreilles, cet autre être ne manquera pas de marquer de son empreinte le corps physique. Or, comme nous avons moins d'emprise sur notre corps physique que sur notre corps astral, nous retirons momentanément notre corps astral du corps physique mais aussi du corps éthérique et, de ce fait, lui évitons d'être touché par l'autre être. Sans le retrait du corps astral, celui-ci conserverait ses forces dans le corps physique. Ce retrait lui permet donc de maintenir la consistance de ses forces. Cela se présente à la clairvoyance sous la forme d'un corps astral se dilatant, voire même d'une séparation consécutive à cette libération. Lorsque nous nous élevons au-dessus d'un être, nous laissons notre corps astral se dilater comme une substance élastique, se relâcher, alors que normalement il est sous tension. Grâce à cet élargissement du corps astral, nous nous affranchissons de tout lien avec l'être en question; nous nous retirons pour ainsi dire en nous-mêmes et nous nous élevons au-dessus de la situation. Parce que tout ce qui se passe dans le corps astral s'exprime dans le corps physique, ce retrait du corps astral se répercute donc également sur le corps physique. La dilatation du corps astral au sein du corps physique trouve son expression dans le rire ou le sourire. Le rire ou le sourire ne pouvant résulter d'une atmosphère autre que celle ici évoquée, il est donc nécessairement lié à un élargissement élastique du corps astral.

Nous pouvons alors dire que l'expression physionomique se manifestant chez l'homme par le rire ou le sourire résulte d'un élargissement du corps astral; dans ce cas nous nous élevons au-dessus des faits de notre entourage parce que nous ne tenons pas à nous y intéresser et, compte tenu de la situation, ne devons pas nous y intéresser. Dans le cas extrême, tout ce qui n'est pas appelé à mobiliser notre compréhension devrait conduire à cet élargissement du corps astral et conséquemment inciter au rire. Des journaux humoristiques ont la coutume de représenter certaines personnalités officielles avec d'énormes têtes et des corps minuscules, visant ainsi à donner une image grotesque de leur implication dans la vie publique. Ce serait bien évidemment un non-sens de chercher à comprendre cela, car aucune loi ne permet de relier une aussi grande tête à un si petit corps. Plonger avec notre force de connaissance dans un objet de ce genre équivaudrait à perdre notre énergie, à dilapider notre intelligence. La seule satisfaction à en tirer consiste à s'élever au-dessus de l'objet, c'est-à-dire de l'impression faite sur notre corps physique, donc de libérer notre Moi et de dilater le corps astral. Son vécu, le Moi le prolonge sur son enveloppe la plus intime, c'est-à-dire le corps astral, et l'expression physionomique en est le rire.

Le cas peut aussi se présenter où nous ne

parvenons pas à établir de rapport avec notre entourage, bien que d'après notre attitude intérieure un tel lien serait justifié. Prenons l'exemple suivant: pendant un certain temps nous avons éprouvé de l'affection pour une personne. Celle-ci n'est pas seulement impliquée dans nos actes, mais toute une série d'expériences intérieures se rattachent à son existence et au lien qui nous unit à elle. Supposons maintenant que nous soyons momentanément séparés de cette personne. Sa disparition nous prive d'une partie de nos expériences psychiques. Dorénavant quelque chose qui correspond à un lien entre nous et un être du monde extérieur n'existe plus. Etant donné l'attitude intérieure acquise grâce à cette liaison, notre âme est en droit de chercher à renouer ce lien auquel elle était habituée. Or, voilà qu'elle en est privée. Quelque chose a été arraché à ce Moi; il en résulte une blessure qui se prolonge sur le corps astral. A son tour, celui-ci se sent frustré parce qu'il cherche à établir un rapport avec le monde extérieur mais n'y parvient pas. Il se contracte, ou pour le dire avec plus de précision: le Moi compresse le corps astral.

En cas de souffrance et de deuil consécutifs à une disparition, la conscience clairvoyante est toujours en mesure d'observer comment le Moi frustré compresse le corps astral. De même que le corps astral dilaté se relâche et de ce fait se procure une expression physionomique dans le corps physique, déclenchant ce que l'on appelle le rire ou le sourire, de même un corps astral, en se compressant, pénètre plus profondément dans toutes les forces du corps physique. C'est précisément ce qui arrive. Dès que le corps astral se contracte, il compresse en même temps le corps physique. Et l'expression extérieure de cette compression du Moi vers son centre, puis du corps astral qui en fait autant, puis encore du corps physique, c'est le jaillissement des larmes. Le corps astral étant marqué par des brèches et désirant les combler par un mouvement de contraction, cherchant par là à attirer des substances de son environnement, compresse du même coup le corps physique et, au moyen des larmes, expulse des substances du corps physique. Une larme, serait-elle encore autre chose? En cas de deuil et de chagrin le

Moi a perdu quelque chose. Il se contracte parce qu'il est appauvri et que le sentiment de son identité est amoindri. En effet, la spécificité du Moi est d'autant mieux ressentie que celui-ci est plus riche en expériences acquises au contact du monde extérieur. Non seulement nous enrichissons les choses que nous aimons, mais ce faisant nous enrichissons en retour notre propre âme. Lorsque nous sommes privés des expériences découlant de notre attitude affective, et donc que le corps astral subit des brèches et se contracte, il essaie par cette autocompression de récupérer les forces perdues par le chagrin. Appauvri par ce qu'il a perdu, il tente de s'enrichir en se concentrant. Ce qu'expriment les larmes n'est pas seulement un écoulement, une ouverture vers le dehors, mais aussi un acte de compensation pour le Moi appauvri. Auparavant le Moi se sentait enrichi au contact du monde extérieur, alors que maintenant c'est grâce à ce qu'il produit lui-même, en faisant jaillir les larmes, qu'il se sent plus fort. Ce que la personnalité a perdu spirituellement au niveau de la soi-conscience, elle cherche à le compenser en stimulant une activité interne de création: la production de larmes. Voilà pourquoi les larmes constituent en quelque sorte une compensation pour l'appauvrissement du Moi. Nous pouvons donc dire: une fois que le Moi, après avoir subi une perte, parvient à faire jaillir les larmes, et que ces larmes, en réplique à la perte, élèvent la conscience, elles confèrent alors au Moi un certain bien-être sous-conscient. On peut aller jusqu'à affirmer qu'en un certain sens les larmes sont source d'un genre de jouissance intime. Les larmes apportent une compensation. Vous savez sans doute que tout homme se sentant misérable dans la douleur trouve dans les larmes une certaine consolation parce qu'elles peuvent lui offrir une compensation. Quant aux hommes qui passent pour ne pas savoir pleurer, il leur est bien plus difficile de supporter la souffrance et le chagrin que ceux qui, en versant des larmes, sont en mesure de se procurer à tout moment un bien-être intérieur.

C'est donc bien le Moi qui ne parvient pas à établir le rapport souhaité avec le monde extérieur; il doit alors soit s'élever pour concrétiser intérieurement la liberté, soit plonger en lui-même pour se raffermir après avoir subi une perte. Ainsi, le Moi, ce noyau central de l'être humain s'exprime-t-il par le rire et par les larmes. De ce fait nous pouvons comprendre que le Moi, qui confère à l'homme sa qualité spécifique d'être humain, constitue en quelque sorte la condition préliminaire à toute manifestation authentique du rire et des pleurs.

En observant un nouveau-né, nous remarquons que durant les premiers jours il ne sait ni pleurer ni rire. Le vrai rire et les véritables larmes n'apparaissent qu'à partir du 36e ou du 40e jour de sa vie. Auparavant il n'y a nulle trace du rire ou du pleurer chez l'enfant. Cela s'explique de la façon suivante: bien que ce soit à la suite d'une décision qu'un Moi, venant d'une incarnation antérieure, habite précisément tel enfant, ce n'est pas dès les premiers jours de l'existence qu'il agit sur la forme du nourrisson; le Moi ne cherche pas tout de suite à établir des liens avec le monde extérieur. L'insertion de l'être humain dans le monde, et donc ce qui est en lui et à lui, a deux origines, lui vient de deux côtés. L'un est celui d'où découlent toutes les particularités et facultés léguées par le père, la mère, les grands-parents etc., c'est-à-dire les dispositions transmises par la lignée héréditaire. Mais à l'intérieur de ce cadre, l'individualité, le Moi qui va de vie en vie et d'incarnation en incarnation, est à l'œuvre pour y insérer ses qualités psychiques. Lorsque nous voyons un être humain naître ici-bas, nous sommes d'abord frappés par le flou des traits physionomiques ainsi que par l'imprécision des futurs talents, dispositions et qualités spécifiques. Mais nous constatons aussi comment le Moi à l'œuvre, qui a apporté des incarnations précédentes des forces de progrès, se met à façonner ces traits flous pour leur conférer un aspect de plus en plus précis, et comment il modifie ce qui a été transmis par l'hérédité. Nous voyons les qualités héréditaires fusionner avec celles transitant d'incarnation en incarnation. Dans mon ouvrage récemment paru *La Science de l'occulte*[10] on trouve de plus amples précisions sur le devenir de l'humanité. Dans ses premières parties ces questions sont traitées d'une manière tout à fait adaptée aux facultés intellectuelles des contemporains.

Nous voyons comment le Moi se dégage peu à peu chez l'enfant. Toutefois, il faut un certain temps avant que ce Moi se mette à façonner le physique et le psychisme de l'enfant. Ceci explique pourquoi, pendant les premiers jours de son existence, l'être incarné ne nous apparaît que sous ses traits héréditaires. Durant cette période, le Moi demeure enfoui dans les profondeurs et attend de pouvoir imprimer à la physionomie imprécise tout ce qu'il apporte de ses vies antérieures pour le concrétiser au cours des jours et des années à venir.

Avant que l'enfant n'acquière le caractère individuel qui lui est strictement spécifique, il est impossible au Moi d'exprimer le moindre rapport avec le monde extérieur par le rire ou les pleurs. Tout procède de ce qu'il y a de plus individuel, du Moi qui cherche à établir un lien et par là à se mettre en harmonie avec son entourage. C'est donc au Moi de chercher à se libérer des objets, au moyen du rire ou du sourire. Lorsque le rapport souhaité ne peut pas se faire, c'est encore auprès du Moi qu'il faut chercher la cause qui, en cas de perte, vient compresser l'intérieur de l'entité humaine. Seul le Moi est capable d'expressions comme le rire et les pleurs. En conséquence, chaque fois que l'homme se manifeste par le rire ou les larmes, nous avons affaire à la spiritualité la plus profonde et intime de l'être humain.

Ceux qui entassent volontiers pêle-mêle tout avec n'importe quoi, et de ce fait ne consentent pas à admettre qu'il existe une réelle différence entre l'homme et l'animal, trouveront évidemment, pour le rire et les pleurs, des analogies dans le règne animal. Par contre, tous ceux qui comprennent correctement ces choses donneront raison au poète allemand qui dit: l'animal n'arrive pas à pleurer mais tout au plus à hurler; il n'arrive pas non plus à rire, mais seulement à grimacer. Cette image recèle une profonde vérité qui, exprimée en clair, indique que l'animal ne s'élève pas au niveau du Moi individuel ancré dans l'entité humaine; il est soumis à des lois semblables à celles du

Moi humain, certes, mais tout au long de sa vie elles agiront exclusivement du dehors. L'animal ne parvient pas jusqu'à l'individualité. Nous avons déjà souvent évoqué ici cette distinction fondamentale entre l'homme et l'animal[3]. Il a été dit que ce qui nous intéresse chez l'animal c'est l'espèce, le caractère de l'espèce. Essayez de voir si ce qui nous intéresse plus spécialement chez l'animal présente d'aussi grandes différences que chez l'homme, par exemple, le lionceau, son père, le grand-père lion etc. Chez l'animal tout doit être ramené au caractère de l'espèce. Au niveau du genre humain, par contre, chaque homme constitue à lui seul une espèce. Ce qui chez l'animal est particulier à l'espèce, devient dans le règne humain spécifique à chaque homme pris individuellement. Cela veut dire que chaque être humain a sa propre biographie. Celle-ci nous intéresse autant que la biographie de l'ensemble d'une espèce animale. Certains amis des animaux affirment pouvoir écrire la biographie d'un chat ou d'un chien. J'ai même connu un professeur qui demandait régulièrement à ses élèves d'écrire la biographie de leur stylo. Ce qui importe, ce n'est pas d'appliquer indistinctement à tout la même pensée, mais bel et bien d'accéder au moyen de notre intelligence à l'essentiel d'une chose ou d'un être. Jusqu'au niveau de l'animal la biographie individuelle est ce qu'il y a de moins significatif; chez l'homme, par contre, c'est la chose essentielle, car pour lui ce qu'il y a de plus important c'est l'individualité évoluant d'une vie à l'autre, alors que chez l'animal il n'existe que l'évolution de l'espèce. Lorsque l'on n'accorde pas à l'élément biographique toute l'importance qu'il mérite, cela ne tient pas au fait de sa moindre importance par rapport à celle attribuée aux lois scientifiques concernant le monde physique, mais au fait que ceux qui la négligent sont incapables de reconnaître le poids de certains événements et phénomènes.

Ce qui chez l'animal passe d'espèce à espèce, se continue au sein du genre animal, la science de l'esprit l'appelle âme-groupe animale ou Moi-groupe et considère qu'il s'agit d'une réalité. Nous disons que l'animal n'a pas son Moi à l'intérieur mais à l'extérieur.

Pour la science spirituelle il n'est pas question de nier le Moi animal, mais nous parlons du Moi-groupe qui dirige l'animal du dehors. Par contre, chez l'homme nous parlons d'un Moi individuel qui pénètre dans les profondeurs de l'être humain et, de l'intérieur, dirige chaque entité particulière, base de toute individualité, permettant ainsi à l'homme d'établir des rapports personnels avec son entourage. Grâce à l'orientation par le Moi-groupe agissant de l'extérieur, les rapports que les animaux parviennent à établir avec le monde ont un caractère typique, général. Ce qu'un animal aime ou déteste, ce qu'il craint est typique pour l'espèce et ne se modifie que dans certains détails, par exemple chez nos animaux domestiques ou chez les animaux qui vivent en compagnie des hommes.

Pour l'être humain, par contre, l'amour et la haine à l'égard de son entourage, la crainte et l'horreur ressenties dans l'âme, la sympathie et l'antipathie, tout cela il l'élabore de façon strictement personnelle au sein même de son individualité, dans son Moi qui passe d'incarnation en incarnation.

C'est pourquoi le rapport particulier par lequel l'homme se libère d'un être de son entourage, acte qui se traduit par l'attitude physionomique du rire, constitue toujours quelque chose que seul le Moi est capable de réaliser. Il en est de même pour cette autre situation où une aspiration ne peut aboutir et où cet échec engendre l'attitude physionomique des pleurs. Nous pouvons donc dire: plus l'enfant se dégage de l'animalité, plus son individualité se manifeste, d'autant mieux son humanité se traduira-t-elle par le rire ou les larmes. Pour observer la vie telle qu'elle se présente dans la réalité, et pour se faire une idée sur la position supérieure de l'homme par rapport aux autres êtres terrestres, l'essentiel ne doit pas être recherché parmi les faits les plus grossiers de l'existence, ni dans la similitude des os et muscles chez l'homme et l'animal, ni dans la ressemblance qui existe jusqu'à un certain point entre leurs organes; bien au contraire, c'est dans les faits les plus subtils que nous devons chercher l'essentiel permettant de caractériser la nature humaine. A qui objecterait que des manifestations comme le rire et les pleurs semblent trop insignifiantes pour permettre de préciser les caractéristiques de l'animalité et de l'humanité, on répondra simplement qu'on ne peut rien pour celui qui est incapable de s'élever jusqu'aux faits qui s'avèrent essentiels pour comprendre l'homme dans toute sa spiritualité.

Ces faits qui apparaissent à la lumière de la science spirituelle sont susceptibles d'éclairer aussi certains acquis scientifiques, mais seulement s'ils sont replacés dans le large contexte de la science de l'esprit. Le rire et les pleurs ont encore une autre incidence sur l'homme. En observant un être humain en train de rire ou de pleurer, on peut constater qu'en plus du changement de l'expression physiologique se manifeste également une altération, une modification du processus respiratoire. Un homme attristé jusqu'aux larmes, chez qui cet état provoque une compression du corps astral qui à son tour comprime le corps physique, voit son inspiration devenir de plus en plus courte et l'expiration plus longue. Lorsqu'il rit, c'est le contraire qui se produit; l'inspiration est lente et l'expiration courte. Voilà comment le processus respiratoire se trouve modifié. Ce n'est pas une simple image mais correspond à une réalité lorsque nous disons: quand chez un être en train de rire le corps astral ainsi d'ailleurs que le corps physique si finement structuré deviennent flasques, il se produit une sorte d'espace vide d'où l'air a été pompé pour y laisser s'engouffrer l'air extérieur qui y pénètre en sifflant. Le rire correspond à un genre de libération de la corporéité physique, puis l'air s'y introduit sous forme d'une longue inspiration. Les larmes déclenchent le processus inverse. La compression du corps astral, entraînant celle du corps physique, produit une longue expiration continue.

Ainsi donc, l'expérience psychique, résultant de la présence du Moi, implique le corps physique et se traduit par des effets physiques.

Ces réalités physiologiques éclairent de façon surprenante un fait relevant de la science spirituelle, fait que les documents de la tradition religieuse de l'humanité restituent sous forme d'images, comme cela est couramment le cas pour des données d'ordre spirituel. Souvenons-nous du passage significatif de l'Ancien Testament où il est dit que l'homme est élevé à la dignité humaine par le souffle vivant de Yahvé lui conférant ainsi une âme autonome. C'est le moment où la naissance du Moi est signalée sous sa forme générale. Dans l'Ancien Testament le processus respiratoire est désigné comme étant l'expression du Moi de l'homme, un rapport étant statué entre la respiration et l'intimité de la vie de l'âme humaine. Lorsque nous voyons qu'au moyen du rire et des pleurs le Moi se crée un mode d'expression particulier, nous pouvons saisir le lien intime qui existe entre la respiration humaine et la vie de l'âme humaine. Cette connaissance nous permet de nous approcher avec humilité de ces documents de la tradition religieuse qui nous dévoilent de si profondes et authentiques vérités.

Dans un premier temps, la science de l'esprit n'est pas concernée par ces livres sacrés. En effet, même si tous ces documents devaient être détruits au cours d'une grande catastrophe, l'investigation spirituelle serait en mesure de retrouver les sources de ces récits. La science de l'esprit n'est jamais tributaire de documents. Mais une fois que l'investigation a accédé aux faits et qu'ensuite elle retrouve dans ces documents l'expression imagée indubitable de ce qu'elle avait trouvé auparavant, indépendamment des traditions transmises, la compréhension de ces textes ne peut que s'en trouver renforcée. On se dit alors: ce dont il est question ici ne peut y avoir été introduit que par des entités connaissant les faits que l'investigateur spirituel peut y trouver. Ainsi se perpétue à travers les millénaires la tradition qui passe d'initié à initié, de regard spirituel à regard spirituel. Ceci explique que la connaissance permette de trouver la juste attitude à l'égard de ces documents. Le récit du Dieu insufflant la vie à l'homme, lui donnant ainsi la possibilité de devenir un Moi autonome, nous montre précisément que des considérations comme celles relatives au rire et aux pleurs nous font voir que les images relatées dans les documents sacrés sont vraies pour ce qui est de la nature humaine.

Afin de ne pas nous laisser entraîner trop

loin, voyons simplement encore quelques détails. Par exemple, on pourrait faire l'objection suivante: toutes ces considérations ont été entamées par le mauvais bout; il aurait fallu commencer à l'endroit où parlent les faits extérieurs. L'élément spirituel est à chercher là où il se présente comme pur effet de la nature, par exemple, lorsqu'un homme est chatouillé. C'est là que se trouve la réalité la plus élémentaire du rire. Comment s'y retrouver avec toutes ces idées farfelues sur la dilatation du corps astral, etc.?

C'est justement un exemple où le corps astral se dilate de façon très significative. En effet, aucun des éléments caractéristiques mentionnés ne manque ici, bien que le tout se déroule à un niveau inférieur. Quand un individu est chatouillé sous la plante des pieds il ne cherche pas à conceptualiser ce qui se passe. Il s'y refuse. Il ne fera appel à son entendement que si lui-même se chatouille. Mais dans ce cas il ne rit pas car il connaît le responsable. Par contre, quand un autre le chatouille, il est frappé d'incompréhension. Le Moi s'élève alors au-dessus de ce fait, essaye de s'en libérer et d'en dégager le corps astral. Cet acte où le corps astral cherche à s'affranchir d'un attouchement désagréable se manifeste précisément par un rire non motivé. A un niveau élémentaire nous avons alors affaire à la libération, au sauvetage du Moi face à l'attaque, non accessible au raisonnement, que subit le Moi lorsque quelqu'un nous chatouille sous la plante des pieds.

Tout rire consécutif à une plaisanterie ou à un effet comique se situe au même niveau. Nous rions à la suite d'une plaisanterie parce que nous établissons par notre rire le rapport juste avec elle. La plaisanterie réunit des choses qui dans la vie normalement sérieuse ne sont pas assemblables, car si elles étaient accessibles à la logique elles ne seraient pas drôles. La plaisanterie rassemble des situations qui, à condition que nous ne soyons pas tombés sur la tête, n'en appellent pas nécessairement à notre intelligence; il s'agit simplement, à un certain niveau de la vie spirituelle, d'associer les données proposées. Dès l'instant où nous nous sentons en possession de ce jeu, nous nous libérons et nous nous élevons au-dessus du contenu de la plaisanterie. Partout où éclate un rire, c'est de ce phénomène qu'il s'agit. A l'inverse, les larmes apparaîtront chaque fois qu'un individu se contractera parce qu'il n'aura pas réussi à trouver ce qu'il cherche.

Ce genre de rapports avec le monde extérieur, tel que nous l'avons esquissé, peut être justifié ou injustifié. Le rire nous permet de nous affranchir d'une situation justifiée, voire même d'une situation que nous ne voulons ou ne pouvons comprendre. Dans ce cas, le rire n'est pas dû à la nature des faits mais à notre propre imperfection. C'est toujours le cas lorsqu'un individu fruste rit d'un autre parce que lui-même est incapable de le comprendre. Un être primaire qui ne trouve pas chez autrui cet aspect quotidien et étriqué qui lui tient à cœur, pense que c'est inutile de chercher à comprendre; il essaye de s'en libérer – peut-être justement parce qu'il n'y comprend rien. C'est pourquoi nous prenons vite l'habitude de nous affranchir de tout par le rire. Chez certains cela fait partie de leur nature; ils rouspètent à tout moment et rient de tout; ils ne veulent rien comprendre, bombent leur corps astral et n'arrêtent pas de rire. Il s'agit toujours du même phénomène de base. Néanmoins, d'une part il peut sembler justifié de ne pas chercher à comprendre une chose, d'autre part cela peut être injustifié. Qu'une chose ne soit pas tout à fait propre à mobiliser l'attention normale peut aussi s'expliquer par l'imperfection de la mode. Dans ce cas on esquisse un sourire en signe de supériorité. Le rire n'a donc pas besoin d'exprimer un sentiment justifié de retrait; il peut aussi traduire un retrait injustifié. Quoi qu'il en soit, cela ne change en rien la caractéristique fondamentale que nous avons donnée du rire.

Il peut aussi arriver que l'on spécule sur la façon dont quelqu'un s'exprime. Prenons le cas d'un conférencier qui compte sur l'approbation ou autre manifestation semblable que rencontrera son discours. Il table alors évidemment sur la réaction du psychisme humain. Dans certains cas il sera peut-être justifié de mentionner des détails si insignifiants ou se situant tellement au-dessous du niveau de compréhension de certains auditeurs, qu'il sera possible de les caractériser sans qu'il se crée le moindre lien entre le psychisme de l'auditeur et les objets en question. Dans ce cas on aide l'auditeur à se libérer de ce qui se situe au-dessous du niveau de ce que le conférencier tente de faire comprendre. Le conférencier pourra alors s'attendre à ce que les auditeurs partagent sa position négative à l'égard de ces objets. Il existe d'autres conférenciers encore qui tiennent toujours à avoir les rieurs de leur côté. J'en ai même entendu dire: là où je veux gagner, je stimule les muscles du rire afin d'avoir les rieurs avec moi – car celui qui a les rieurs de son côté a gagné! Cette attitude peut aussi découler d'une malhonnêteté intérieure, car en mobilisant le rire on fait appel à ce qui conduit l'homme à se placer au-dessus d'une chose. On compte aussi avec la vanité des gens – même à leur insu – lorsque l'on présente la chose de façon à ce qu'ils n'éprouvent pas le besoin de plonger en elle. Ils sont alors amenés à rire parce qu'elle est placée à un niveau qui la rend dérisoire. Spéculer sur le rire peut traduire une attitude malhonnête. Il est aussi possible de se rallier un auditeur en excitant en lui cette sensation déjà évoquée du bien-être associé aux larmes. Lorsqu'une perte purement imaginaire lui est suggérée, l'individu peut se dire: tu peux maintenant chercher quelque chose que tu ne trouveras au fond jamais! Grâce à la compression de son Moi il se trouve alors conforté dans son égoïté, dans son égoïsme. En spéculant sur l'émotion on ne fait souvent rien d'autre que tabler sur l'égoïsme de l'homme. On peut donc gravement abuser de ces choses, car l'émotion et la souffrance, le deuil, le sarcasme et la moquerie, accompagnés du rire et des pleurs, sont liés à ce qui fortifie et libère le Moi, c'est-à-dire à l'égoïté de l'être humain. Dans de telles situations on peut donc aussi en appeler à l'égoïsme, dans quel cas celui-ci peut parfaitement détruire ce qui fait le lien entre les hommes.

Il apparaît que par le rire et ce qui l'occasionne le Moi humain se sent élevé en toute liberté, alors que par les larmes et ce qui s'y rattache le Moi se sent comprimé. Nous avons déjà vu que le Moi ne se contente pas d'agir sur l'âme de sensibilité, l'âme d'entendement et l'âme de conscience; grâce à ce travail il s'efforce à son tour de se perfectionner et se fortifier continuellement. Dès lors, on comprend aisément que le rire et les pleurs peuvent d'une certaine manière constituer de précieux moyens éducatifs. Lorsque le Moi s'élève au niveau du rire, il en appelle aux forces dont il a besoin pour se libérer par ses propres moyens, pour se sublimer et devenir autonome au sein du monde. Par les larmes il peut s'éduquer en vue de s'unir à l'entourage qui est le sien; en ressentant un manque face à cet environnement auquel il appartient, il enrichit néanmoins d'une autre façon son égoïté grâce à la compression qu'il subit. Le rire et les pleurs sont à coup sûr un facteur d'éducation du Moi et des forces du Moi. En s'exprimant par le rire et les pleurs, le Moi s'élève pour ainsi dire en toute liberté et parfaite indépendance par rapport au monde. Dire que les créations humaines visant plus particulièrement à stimuler les forces psychiques sur lesquelles reposent le rire et les pleurs font partie des grands moyens éducatifs de l'évolution humaine, n'a donc rien de surprenant.

La tragédie implique un élément capable de compresser effectivement le corps astral, ce qui confère à notre Moi fermeté et consistance[11]. La comédie, par contre, a pour effet de distendre le corps astral en amenant l'individu à surmonter le ridicule, à dépasser ce qui s'effondre de soi-même, amenant ainsi le Moi à se libérer. Les deux, tragédie et comédie, constituent des créations qui s'insèrent parfaitement dans le mouvement évolutif du genre humain.

En observant jusque dans les détails la nature et l'entité humaine, on voit que les expériences quotidiennes permettent de comprendre les faits importants. Certains aspects qui peuvent se présenter à nous, par exemple dans le domaine de l'art, montrent que la nature humaine balance comme un pendule entre ce qui se manifeste dans le rire ou dans les pleurs. C'est uniquement parce que le Moi est en mouvement qu'il continue à se développer. S'il demeurait au point mort du pendule, il ne grandirait et n'évoluerait plus; il succomberait. Le fait que le Moi puisse d'une part se libérer par le rire et d'autre part se chercher lui-même par les larmes est quelque chose de bénéfique pour l'évolution humaine. Toutefois, si l'équilibre doit être cherché entre deux pôles, il faudra bien le trouver. C'est pourquoi le Moi ne sera pleinement lui-même que s'il y a équilibre. Il ne le sera jamais s'il balance d'un excès à l'autre, transporté d'allégresse ou mortellement affligé. Le Moi ne sera véritablement un Moi qu'à partir d'une situation d'équilibre d'où il peut aller vers l'un ou vers l'autre.

Au cours de son développement, l'homme doit peu à peu devenir le maître et le guide de son existence. En saisissant ce que sont le rire et les pleurs, nous comprenons qu'il s'agit de manifestations de l'esprit. Nous pouvons alors dire que l'homme devient transparent pour nous lorsque nous voyons comment il cherche par le rire une expression extérieure pour un sentiment intime de délivrance, et comment les larmes traduisent un sentiment intérieur de consolidation face à une perte que le Moi a subie dans le monde extérieur. Ainsi donc, le rire et les pleurs correspondent à deux pôles grâce auxquels le monde nous révèle ses mystères.

Demandons-nous encore ceci: en fin de compte, que signifie le rire sur le visage de l'homme? Nous savons maintenant que c'est une manifestation spirituelle traduisant l'effort entrepris par l'homme pour se libérer, dès lors qu'il ne tient pas à se laisser enchaîner par des choses indignes de lui; le sourire permet de dépasser ce dont l'homme ne désire pas être l'esclave. – Et les larmes sur le visage de l'homme? Elles sont l'expression spirituelle d'un fait spirituel: lorsque l'homme sent que le fil le reliant à un être du monde extérieur est déchiré, il cherche, malgré sa peine, à le renouer; alors qu'il s'emploie à fortifier son Moi les larmes traduisent le sentiment suivant: j'appartiens au monde et ce monde fait partie de moi; je ne puis supporter d'être séparé de lui.

Nous comprenons maintenant que la délivrance qui permet de se dégager des bassesses et du mal ait pu s'exprimer par le sourire de Zarathoustra, et que l'on ait pu dire: ce sourire faisait jubiler toutes les créatures du monde et s'enfuir les esprits des ténèbres! Ce sourire est le symbole historique de la libre entité du Moi s'élevant spirituellement au-delà des contraintes auxquelles elle refuse de se soumettre. Tout ce qui vit sur terre peut jubiler lorsque cette entité parvient à se dégager avec le sourire de Zarathoustra. Le Moi peut connaître un moment où l'existence lui semble sans valeur et où il ne veut plus rien avoir en commun avec ce monde. Alors peut surgir dans son âme une force faisant monter à sa conscience les paroles suivantes: le monde fait partie de moi, j'appartiens au monde! et dès lors on se sent proche de ce vers de Goethe: « La larme jaillit, la Terre m'a reconquis! » Cette parole permet de ressentir que nous n'avons pas le droit d'être exclus de tout ce qui existe sur terre et que, lorsque nous sommes coupés d'elle, il est normal que nous éprouvions le besoin de verser des larmes. Les profonds mystères du monde justifient une telle attitude.

Les larmes sur un visage peuvent traduire l'appartenance de l'homme au monde, et le rire celle de sa délivrance de toute bassesse dont il est menacé.

Rire et pleurer expression du divin en l'homme

Berlin, 27 avril 1909

Au cours de cet hiver, nous nous sommes livrés à toute une série de considérations concernant la science de l'esprit, se proposant toutes de serrer de plus près la nature humaine dans son ensemble[12]. Nous avons envisagé l'énigme humaine sous ses aspects les plus divers. Aujourd'hui nous parlerons d'un sujet banal. Mais peut-être verrons-nous précisément, en partant d'un sujet bien ordinaire, que les énigmes de la vie peuvent, en principe, croiser notre chemin à chaque pas et comment il faut les aborder pour, en les résolvant, porter notre regard dans les profondeurs de l'ordre universel. Car le spirituel et le sublime ne doivent pas être cherchés dans un lointain inconnu, mais bien dans leur manifestation quotidienne.

Le plus grand peut être trouvé dans le plus petit à condition de le comprendre. C'est pourquoi nous incorporerons, dans le cycle des conférences de cet hiver, une étude sur ces manifestations quotidiennes que sont le rire et le pleurer, au point de vue de la science de l'esprit[12].

Certes, rire et pleurer font partie du quotidien. Seule la science de l'esprit peut nous aider à comprendre le sens profond de ces manifestations, pour la simple raison qu'elle seule peut nous conduire au plus profond de la nature humaine, dans cette partie de l'homme grâce à laquelle il se distingue des autres règnes qui l'entourent. C'est précisément parce que l'homme, sur notre globe, prend le plus intensément et le plus largement part au divin, qu'il dépasse les autres créatures terrestres. Aussi, seule une connaissance fondée sur le spirituel peut sonder le mystère de la nature humaine. Le rire et le pleurer méritent d'être considérés et étudiés, car ils permettent, à eux seuls, d'écarter le préjugé consistant à rabaisser l'homme au niveau de l'animal. Peu importe que les tenants de cette manière de penser, qui voudraient autant que possible rabaisser l'homme au niveau de l'animal, mettent l'accent sur le fait que, dans bien des cas, l'animal fait preuve d'une haute intelligence, surpassant même ce que l'homme accomplit au moyen de sa raison. Cela ne surprend pas celui qui pratique la science de l'esprit, car il sait que lorsque l'animal accomplit une activité intelligente, celle-ci ne résulte pas de l'individualité de l'animal mais de son âme-groupe. Il est évidemment très difficile de faire saisir le concept de l'âme-groupe[3] à ceux qui s'en tiennent à la seule observation extérieure, et de les convaincre, même si ce n'est pas absolument impossible. Mais il y a un fait dont il faut tenir compte, car il est facilement accessible à une observation d'une envergure suffisante: l'animal ne pleure pas et ne rit pas. Mais on perd son temps avec ceux qui sont incapables d'avoir un concept juste de ce que sont rire et pleurer et les attribuent de ce fait aux animaux. Le véritable psychologue sait que l'animal ne peut ni pleurer ni rire, mais uniquement parvenir à hurler et à grimacer. Il est nécessaire de faire la distinction entre hurler et pleurer et entre grimacer et rire. Il faut remonter à des événements significatifs si nous voulons mettre en lumière la nature du rire et pleurer.

En nous fondant sur des conférences faites en différents lieux, y compris Berlin, au sujet des tempéraments[13], vous vous souviendrez peut-être qu'il faut distinguer deux courants dans la vie humaine: un courant englobant toutes les qualités et caractéristiques que nous héritons de nos parents et de nos ascendants, et qu'hériteront à leur tour nos descendants, et un autre courant composé des qualités et des caractéristiques que l'homme apporte avec son individualité à la naissance. Les caractéristiques héréditaires ne constituent pour l'individualité qu'une enveloppe, ses qualités et caractéristiques propres proviennent des incarnations précédentes.

Ainsi, l'homme est essentiellement un être double: il hérite une de ses natures de ses pères, il rapporte la seconde de ses incarnations précédentes. Nous distinguons ainsi l'essence intrinsèque, le «noyau» de l'homme, et tout ce qui enveloppe ce noyau, ce qui, constitué par les facteurs héréditaires, s'adjoint à ce noyau. Or, cet élément individuel qui transite d'incarnation en incarnation est, dès la naissance, lié à l'être physique de l'homme et il ne faudrait pas croire que l'homme puisse, dans des conditions normales, échanger son individualité. Celle-ci est liée au corps humain avant la naissance.

Une autre chose est de savoir à quel moment ce noyau, cette individualité, peut commencer à agir sur l'homme, à le structurer. Ainsi, lorsqu'un enfant naît, son noyau individuel est présent en lui, mais avant la naissance ce noyau est incapable d'agir, de mettre en œuvre les aptitudes acquises au cours de la ou des incarnations précédentes, il ne le pourra qu'après la naissance. Aussi nous dirons que ce sont les facteurs hérités de notre père, de notre mère, de nos ascendants, qui agissent avant la naissance. Bien que le noyau soit présent avant la naissance, il ne peut agir que lorsque l'enfant est né.

Ensuite, lorsque l'enfant a vu le jour, ce noyau commence à remodeler l'organisme. Telle est la règle générale; dans certaines circonstances exceptionnelles il en va autrement. Ce noyau individuel remodèle le cerveau et les autres organes pour en faire ses instruments. C'est pourquoi, à la naissance, les facteurs héréditaires sont plus manifestes, tandis que les qualités individuelles s'inscrivent petit à petit dans l'organisme global. Si l'on veut parler d'un travail prénatal de l'individualité sur l'organisme, cela concerne un chapitre tout différent. On pourrait considérer comme une activité de l'individualité sa recherche d'un couple de parents. Mais il s'agit là, en somme, d'une activité extérieure. Tout travail de l'individualité antérieur à la naissance, s'accomplit, par exemple, par l'intermédiaire de la mère etc. Mais le véritable travail du noyau individuel sur l'organisme, ne commence que quand l'enfant a vu le jour. C'est pourquoi cet élément véritablement humain, cette individualité, ne peut s'exprimer que progressivement après la naissance.

De là vient que l'enfant présente, tout d'abord, certaines dispositions en commun avec l'animal, et ce sont précisément de ces dispositions qu'il sera question aujourd'hui: rire et pleurer. Dans les tout premiers temps après la naissance, l'enfant ne peut ni rire ni pleurer au plein sens du terme. Habituellement, ce n'est que vers le quinzième jour que l'enfant peut verser des larmes et commence à sourire car c'est seulement à partir de là que commence à œuvrer, à s'insérer dans le corps, ce qu'il apporte des vies précédentes. On ne peut dire que chez l'animal une âme individuelle passe d'incarnation en incarnation, c'est précisément cette âme individuelle qui confère sa supériorité à l'homme. C'est l'âme-groupe qui est le principe fondamental de l'animal, ce qu'il a d'individuel ne se réincarne pas, mais se retire dans l'âme-groupe, et ne poursuit son existence que dans l'âme-groupe. Seul, chez l'homme, ce qui a été élaboré dans une incarnation est conservé et réapparaît lorsque l'homme, après la traversée du Dévachan, se réincarne, remodelant alors progressivement le nouvel organisme. Alors, cet organisme n'est plus l'expression des particularités des ascendants, mais celle des dispositions, des aptitudes individuelles.

Or, c'est précisément l'activité du Moi qui, dans un organisme humain, provoque le rire et le pleurer. Car rire et pleurer ne sont possibles que chez un être porteur d'un Moi individuel et non d'un Moi de groupe. Rire et pleurer sont une expression subtile du Moi dans l'organisme. Que se produit-il, par exemple, lorsque l'homme pleure? Les pleurs n'apparaissent que lorsque, pour une raison quelconque, le Moi se sent faible face à ce qui provient du monde extérieur. Lorsque le Moi n'est pas présent dans l'organisme, donc lorsqu'il n'est pas individuel, ce sentiment de faiblesse face au monde extérieur ne peut avoir lieu. L'homme, en tant que possesseur d'un Moi, éprouve une certaine discordance, une disharmonie dans sa relation avec le monde extérieur. Ce sentiment de disharmonie se manifeste alors par une réaction de défense, par un effort de compensation. Comment s'effectue cette compensation? Par un resserrement du corps astral sous l'influence du Moi. Et l'on peut dire que dans le chagrin s'exprimant par des larmes, le Moi se sent en désaccord avec le monde extérieur, ce qu'il cherche à compenser en resserrant son corps astral en comprimant, pour ainsi dire, les forces de celui-ci. Tel est le processus spirituel fondamental des pleurs. Observez les larmes quand elles sont le signe du chagrin. Il faudrait alors, pour aller au fond des choses, examiner de près chaque cas de tristesse. L'affliction peut être l'expression d'un sentiment d'abandon, d'une aliénation. L'harmonie du Moi persisterait si l'on disposait encore de ce que l'on a perdu. La disharmonie s'installe lorsque nous avons subi une perte et que le Moi se sent abandonné. Alors, le Moi concentre les forces de son corps astral, comprime en quelque sorte son corps astral, pour se défendre de cet abandon. Telle est l'expression de la tristesse lorsqu'elle provoque les larmes, lorsque le quatrième élément constitutif de l'être humain contraint les forces du corps astral, du troisième élément, à se contracter.

En quoi consiste le rire? Le rire a pour fondement le processus opposé. Le Moi tend, d'une certaine manière, à relâcher le corps astral, à laisser se dilater ses forces. Alors que le resserrement provoque les pleurs, le relâchement, la dilatation du corps astral, suscite le rire. C'est ce que révèle l'investigation spirituelle. Chaque fois qu'apparaissent les larmes, la conscience clairvoyante peut observer un resserrement du corps astral par le Moi. Chaque fois qu'il y a rire, elle peut constater une expansion, un gonflement du corps astral sous l'influence du Moi. Seule l'action du Moi au sein de l'entité humaine, peut provoquer le rire et le pleurer; l'action extérieure, du Moi de groupe, ne le pourrait jamais. Or, dans l'enfant, le Moi n'agit que progressivement; à la naissance, il n'a pas encore, si l'on peut dire, saisi les rênes, pris le contrôle intérieur de l'organisme, aussi l'enfant ne peut, les premiers jours, ni rire ni pleurer; il n'y parvient que dans la mesure où il a acquis une certaine maîtrise du corps astral. D'autre part, tout ce que l'homme a de spirituel s'exprime dans son corps; celui-ci, reflet du spirituel, est de l'esprit condensé et les particularités décrites s'expriment à travers les processus corporels. Ils seront plus compréhensibles à la lumière de ce qui suit.

L'animal a une âme-groupe, on peut dire aussi un Moi de groupe. C'est ce Moi de groupe qui lui imprime sa forme. Pourquoi l'animal a-t-il une forme aussi déterminée, aussi achevée? Parce que cette forme lui est imposée à partir du monde astral, forme qu'il lui faut, en substance, conserver. L'homme, nous l'avons répété, a une forme comportant, harmonieusement groupées, toutes les formes animales. Mais cet ensemble harmonieux qu'est le corps humain, doit rester plus mobile que l'élément corporel animal. La mobilité de la physionomie le montre déjà. Comparez-la à la physionomie peu mobile de l'animal, à sa fixité; voyez comme la forme de l'homme est mobile, tout ce qu'expriment ses gestes, sa physionomie etc. Vous admettrez que dans le cadre des limites qui lui sont évidemment imposées, l'homme témoigne d'une certaine mobilité, d'une certaine liberté de modifier sa forme du fait qu'il possède un Moi. Il ne viendrait à l'idée de personne de dire que le « visage » d'un chien ou d'un perroquet révèle l'intelligence dans la même mesure que chez l'homme. On ne pourrait le dire qu'au titre de comparaison, d'une manière générale, mais pas individuellement. Chez les chiens, les perroquets, les lions et les éléphants c'est le caractère général qui domine. Chez l'homme, c'est le caractère individuel qui s'inscrit dans le visage. Et nous voyons son âme individuelle modeler de plus en plus sa physionomie surtout dans ce qu'elle a de mobile. L'homme a conservé cette mobilité du fait qu'il peut modifier sa forme de l'intérieur. C'est cette possibilité de se modeler, de se former, qui élève l'homme au-dessus des autres règnes.

Dès l'instant où l'homme, grâce à son Moi, modifie le rapport général des forces de son corps astral, cela transparaît dans son expression. Du matin au soir l'expression habituelle du visage, le tonus général des muscles de l'homme se modifient, en fonction des variations des forces du corps astral sous l'influence du Moi. Lorsque le Moi, au lieu de la maintenir dans son état habituel, relâche la tension du corps astral, le laisse se dilater. Celui-ci agit moins intensément sur le corps éthérique et sur le corps physique, provoquant la modification de l'état de certains muscles. Ainsi, un certain état d'âme relâche le corps astral, modifiant le tonus de certains muscles. Aussi, le rire n'est que l'expression physionomique du relâchement du corps astral sous l'influence du Moi. C'est sous cette influence que le corps astral agit de l'intérieur sur les muscles et modifie l'expression habituelle du visage. Si le corps astral relâche sa tension, les muscles s'allongent et le rire apparaît. Le rire est la manifestation immédiate du travail intérieur du Moi sur le corps astral. Si, par contre, le Moi resserre le corps astral sous l'influence de la tristesse, ce resserrement se transmet au corps physique ayant pour conséquence la sécrétion des larmes, apparentée en un certain sens, à une effusion de sang. Aussi, seul un être doué d'un Moi pouvant agir de l'intérieur peut rire ou pleurer. Le caractère individuel du Moi se manifeste dès l'instant où il est en mesure soit de renforcer, soit de relâcher les forces du corps astral. Chaque fois que nous sommes en présence de quelqu'un qui sourit ou de quelqu'un qui pleure, nous sommes confrontés à ces faits qui témoignent de la supériorité de l'homme sur l'animal. Car, dans le corps astral de l'animal, le Moi agit de l'extérieur. Aussi, l'état de tension du corps astral animal ne peut-il être provoqué que de l'extérieur, et l'intérieur ne peut pas, dans une telle forme d'existence, se manifester par le rire et le pleurer.

Mais rire et pleurer sont encore bien plus révélateurs, quand nous observons les manifestations respiratoires qui les accompagnent. Ce qui se produit se révèle alors dans toute sa profondeur. Observez la respiration de celui qui pleure: vous verrez qu'elle consiste essentiellement en une longue expiration et une courte inspiration. C'est le contraire qui se produit dans le rire: à une courte expiration, succède une longue inspiration. Ainsi, la respiration humaine se modifie sous l'influence des processus que nous avons décrits. Il suffit de faire travailler votre imagination pour en découvrir les causes.

Lorsque l'on pleure, le corps astral est resserré, contracté sous l'influence du Moi, il s'ensuit une élimination de l'air pulmonaire: une expiration prolongée. Dans le rire, il y a un relâchement du corps astral, il se produit une sorte d'aspiration, de raréfaction de l'air qui pénètre en sifflant; telle est la longue inspiration dans le cas du rire. Vous observez ainsi, en quelque sorte, la modification du processus respiratoire provoquée par le corps astral sous l'influence du Moi. Ce qui, chez l'animal, agit de l'extérieur, le Moi de groupe, nous en décelons les effets chez l'homme dans cette singulière modification du processus respiratoire, processus que nous examinerons dans sa signification universelle.

Disons que le processus respiratoire de l'animal est, pour ainsi dire, strictement réglé de l'extérieur, n'est pas sous l'influence d'un Moi de la manière décrite. Ce qui entretient, ce qui règle le processus respiratoire, était appelé « Nephesh » par la doctrine occulte de l'Ancien Testament. C'est en réalité ce que l'on nomme « l'âme animale ». Nephesh est donc, pour l'animal, le Moi de groupe. Et la Bible dit avec raison: « Dieu insuffla le Nephesh – l'âme animale – à l'homme et l'homme devint en lui-même une âme vivante »[14]. Ceci est généralement mal compris, car actuellement, on ne sait plus lire correctement des écrits aussi profonds, on n'en perçoit qu'un aspect. Lorsque, par exemple, il est dit: « Et Dieu insuffla le Nephesh, l'âme animale, à l'homme », cela ne signifie pas qu'il la créa à l'instant, mais qu'elle existait déjà, qu'elle existait à l'extérieur. L'acte de Dieu consista à transférer à l'intérieur de l'homme ce qui, avant, en tant qu'âme-groupe, lui était extérieur. L'important est de comprendre la profondeur réelle d'une telle expression. On pourrait demander: qu'est-il résulté de l'introduction du Nephesh dans l'homme? Il eut pour effet de donner à l'homme la possibilité de s'élever au-dessus de l'animal, de développer une activité intérieure, de rire et de pleurer, d'éprouver intérieurement les effets de la joie et de la douleur.

Ainsi, nous sommes amenés à étudier les effets si importants de la douleur et de la joie sur l'existence. Si l'homme n'avait pas son Moi en lui, il ne pourrait faire l'expérience intérieure de la douleur et de la joie: celles-ci passeraient, irréelles, à côté de lui. Mais du fait qu'il a son Moi en lui, et qu'il peut agir de l'intérieur sur son corps astral et sur son corps tout entier, douleur et joie deviennent des forces actives en lui. La douleur et la joie que nous éprouvons dans une incarnation, nous les intériorisons et nous les emportons dans l'incarnation suivante où elles agissent en nous. Aussi dirons-nous que douleur et joie sont devenues des forces créatrices, dès l'instant où l'homme apprit à pleurer et à rire, autrement dit, dès l'instant où fut transféré en lui le Moi humain. Pleurer et rire font alors partie du quotidien, mais on ne peut les comprendre si l'on ignore comment se comporte la partie spirituelle de l'homme, ce qui se joue entre le Moi et le corps astral lorsque l'on pleure ou rit.

Or, ce qui forme l'homme est en constante évolution. Que, d'une manière générale, l'homme puisse rire et pleurer. résulte du travail de son Moi sur son corps astral. C'est parfaitement exact. D'autre part, le corps physique et le corps éthérique humains étaient préparés à un travail intérieur du Moi, dès sa première incarnation terrestre l'être humain le pouvait. Si l'on introduisait de force un Moi individuel dans un cheval, il s'y sentirait extrêmement malheureux, car il ne pourrait rien y entreprendre, il n'y trouverait rien d'approprié au travail individuel d'un Moi. Imaginez un Moi individuel dans un cheval, ce Moi individuel voudrait travailler sur le corps astral du cheval, le resserrer ou le dilater etc. Mais lorsqu'un corps astral est lié à un corps physique-éthérique, ce complexe, s'il ne peut s'adapter aux formes du corps astral, constitue un terrible obstacle. On se heurte à un mur. Le Moi dans le corps du cheval, chercherait à resserrer le corps astral, mais le corps physique et le corps éthérique du cheval ne suivraient pas et le cheval en deviendrait fou. Il fallait que l'homme fût d'emblée prédisposé à une telle activité. Il lui fallait d'emblée être doté d'un corps physique apte à devenir peu à peu un instrument du Moi. Alors, voici ce qui peut aussi se produire: le corps physique et le corps éthérique peuvent avoir la mobilité suffisante, être de bons porteurs de Moi, mais le Moi peut être sous-développé, incapable d'avoir la maîtrise du corps physique et du corps éthérique. Ceci peut se reconnaître au fait que le corps physique et le corps éthérique se comportent bien en enveloppes du Moi, mais sans en être complètement l'expression. C'est le cas de personnes chez lesquelles rire et pleurer apparaissent de manière involontaire. qui ricanent à chaque occasion et ne contrôlent pas leurs muscles zygomatiques. Ils révèlent ainsi leur supériorité humaine dans leur corps physique-éthérique. mais montrent que leur humanité n'est pas encore sous le contrôle du Moi. C'est pourquoi le ricanement est si désagréable. On voit ainsi que l'homme est plus élevé dans les choses qui ne dépendent pas de lui, que dans celles qui dépendent de lui. Lorsqu'un homme n'est pas à la hauteur de ce qu'il est devenu extérieurement, cela fait toujours une impression fâcheuse. Ainsi, rire et pleurer sont toujours, en un certain sens, l'expression de l'égoïté humaine, car ces manifestations ne peuvent se produire que si un Moi habite l'entité humaine. Les pleurs peuvent être l'expression de l'égoïsme le plus forcené car, d'une certaine manière, les pleurs s'accompagnent souvent d'une forme de volupté. Celui qui se sent abandonné resserre son corps astral avec son Moi. Il tente de se fortifier intérieurement car il se sent faible extérieurement, et cette force intérieure il l'éprouve dans la faculté de verser des larmes. Qu'on le reconnaisse ou pas les pleurs apportent toujours une certaine satisfaction. De même que dans maintes circonstances on peut éprouver une forme de satisfaction à briser une chaise, le fait de verser des larmes n'est qu'une manière de susciter une certaine jouissance intérieure, une jouissance masquée par les larmes, qu'on en soit conscient ou non.

D'une autre manière, le rire est une manifestation de l'égoïté. Si vous étudiez réellement le rire, vous verrez qu'il résulte toujours d'un certain sentiment de supériorité de l'homme par rapport à ce qui se produit dans son environnement. Pourquoi l'homme rit-il? Il rit toujours lorsqu'il se place au-dessus de ce qu'il observe. Cette affirmation, on peut la vérifier. Que l'on rie de soi-même ou d'autrui c'est toujours le Moi qui se sent supérieur à quelque chose, et dans ce sentiment de supériorité le Moi dilate les forces du corps astral, les fait s'étendre, s'enfler. C'est très exactement ce qui provoque le rire. C'est pourquoi le rire est si sain et l'on ne doit pas abstraitement condamner cette égoïté, cette enflure, car le rire peut être très sain lorsqu'il affirmit l'homme dans sa soi-conscience, lorsqu'il est justifié, lorsqu'il amène l'homme à se dépasser. Lorsque autour, vous constatez une absurdité chez vous-même ou chez un autre, c'est parce que vous dominez cette absurdité que vous riez. Il est nécessaire que ce sentiment de supériorité de l'homme à l'égard de ce qui l'entoure s'installe, ce que le Moi manifeste en dilatant le corps astral.

Si vous comprenez le processus respiratoire comme l'expression de cette parole que nous avons tenté d'expliquer: « Et Dieu insuffla le Nephesh à l'homme et l'homme devint une âme vivante », vous percevrez la relation existant avec rire et pleurer, sachant qu'ils modifient le processus respiratoire de l'homme. On voit ainsi comment les faits les plus banals ne peuvent être compris qu'en partant du spirituel. Rire et pleurer ne peuvent être compris qu'en relation avec la quadri-articulation humaine. Rappelez-vous qu'à une époque où régnait encore une certaine tradition clairvoyante ainsi qu'une certaine fantaisie, les Dieux furent dépeints comme des êtres gais, essentiellement portés à rire. Et ce n'est pas sans raison que l'on a attribué «les pleurs et les grincements de dents» à des domaines de l'univers où règne principalement une égoïté exacerbée. Pourquoi? Parce que le rire est pour le Moi une manière de s'élever, de dépasser son environnement, donc une victoire du supérieur sur l'inférieur, tandis que pleurer c'est courber l'échine, c'est se retirer de l'extérieur, c'est se rapetisser, c'est se sentir abandonné par l'égoïté, c'est se replier sur soi-même. Autant la tristesse, lorsque l'on sait que l'on peut et que l'on doit la vaincre, est une force active de la vie humaine, autant tristesse et pleurs sont sans effets et sans espoir dans un monde où l'on ne peut en triompher, ils sont alors l'expression de la damnation, du rejet dans les ténèbres.

Il faut bien tenir compte de ces sentiments qui peuvent s'emparer de nous lorsque nous considérons dans l'ensemble ce que le travail du Moi sur lui-même imprime à l'homme, jusque dans sa structure la plus intime. Ainsi, bien des faits qui se sont présentés à nous au fil du temps sont devenus compréhensibles. Nous devons être conscients que derrière le monde physique existe un monde spirituel et que rire et pleurer, tels qu'ils se manifestent en alternant dans la vie de l'homme, ne semblent plus être, une fois séparés de lui, que gaieté légère du ciel d'un côté, et tristesse obscure et amère de l'enfer, de l'autre. Ces deux côtés sont effectivement à la base de notre monde intermédiaire, monde intermédiaire que nous devons comprendre du fait qu'il tire ses forces de ces deux règnes.

En ce qui concerne la nature de l'homme il nous reste beaucoup à apprendre. Bien que rire et pleurer fassent partie du quotidien, ils constituent néanmoins un des chapitres les plus intimes de la nature humaine. L'animal ne rit et ne pleure pas, car il lui manque cette parcelle de divinité que l'homme porte en lui: son Moi. Et l'on peut dire que lorsque l'homme, au cours de son existence, commence à sourire et à pleurer, cela constitue, pour qui sait lire le grand alphabet de la nature, la preuve que le divin vit réellement au sein de l'homme, et que lorsqu'il rit, c'est Dieu qui agit en lui pour tenter de l'élever au-dessus de toutes choses inférieures. Par le sourire et le rire, l'homme s'élève et lorsqu'il pleure, c'est encore Dieu qui l'avertît que son Moi risque de se perdre, s'il ne se fortifie pas intérieurement, luttant contre toute faiblesse et tout sentiment d'abandon. C'est Dieu en l'homme qui, par le biais du rire et pleurer, fait part à l'âme de ses mises en garde. D'où le sentiment si pénible qui s'empare de celui qui comprend la vie lorsqu'il voit pleurer inutilement. Car les pleurs inutiles trahissent la volupté d'un excessif repli sur soi-même, au lieu d'une vie en harmonie avec ce qui nous entoure. Mais tout aussi amère est la sensation qu'éprouve un tel connaisseur du monde lorsqu'au rire sain, exprimant l'élévation du Moi, fait place un rire mauvais plein de mépris. Car l'intéressé se dit alors: si le Moi n'emporte pas tout ce qu'il peut tirer de son entourage, s'il ne veut pas vivre avec son entourage et s'élève sans raison au-dessus de lui, cette égoïté n'aura pas le poids, la force d'ascension nécessaires, que l'on ne peut se procurer qu'en tirant tout ce qu'il est possible de son entourage pour le développement du Moi. Alors le Moi retombera, ne pourra s'élever. C'est précisément la juste mesure entre souffrance et joie qui peut énormément contribuer au développement humain. Lorsque la souffrance et la joie que suscite l'entourage, sont justifiées et ne résident pas dans le for intérieur, lorsqu'entre souffrance et joie le Moi s'efforce constamment d'établir la juste mesure en relation avec l'entourage, alors souffrance et joie peuvent constituer de véritables facteurs d'évolution pour l'homme.

De grands poètes[15] ont su trouver d'admirables paroles pour évoquer cette souffrance et cette joie qui ne découlent ni de la présomption ni du repli du Moi sur soi, mais qui ont leur origine dans la relation entre le Moi et l'environnement, relation dont l'équilibre a été troublé, expliquant pourquoi l'homme rit et pourquoi l'homme pleure. Nous pouvons le comprendre, car c'est dans le monde extérieur, et du fait du monde extérieur, que la relation, entre Moi et monde extérieur a été perturbée. Ainsi, l'homme est porté à rire ou à pleurer; mais nous ne pouvons comprendre pourquoi l'homme rit ou pleure, quand la cause ne réside qu'en lui-même, car il s'agit alors d'un égoïsme sans fondement. Homère l'exprime de fort belle manière lorsqu'il dit d'Andromaque, qui est partagée entre le souci de son époux et celui de son nourrisson: « Elle pourrait pleurer en riant » c'est une merveilleuse expression, disons, pour des pleurs normaux. Elle ne rit pas à cause d'elle, elle ne pleure pas à cause d'elle. C'est la juste relation qui s'établit avec le monde extérieur, d'un côté avec son époux, de l'autre avec son enfant et l'équilibre s'établit entre rire et pleurer; pleurer en riant – rire en pleurant. C'est ce qu'exprime souvent l'enfant naïf dont le Moi ne s'est pas encore endurci comme celui de l'adulte, d'où son aptitude à rire en pleurant et à pleurer en riant. Et c'est aussi le fait du sage – qui a acquis une telle maîtrise de son Moi, qu'il ne cherche pas en lui-même des raisons de rire et de pleurer, mais les trouve dans le monde extérieur – qui est capable, lui aussi, de pleurer en riant et de rire en pleurant. Vraiment, ce que nous apporte le quotidien est pleinement l'expression du spirituel, quand nous savons le comprendre. Rire et pleurer sont, au plein sens du terme, l'expression du divin en l'homme.

NOTES

1. Rudolf Steiner: *Expériences de la vie de l'âme,* GA 58 (EAR).

2. Max Muller, 1823-1900.

3. Rudolf Steiner: *Die Erkenntnis der Seele und des Geistes,* GA 56 (non traduit).

4. Goethe: *Traité des couleurs,* dans le premier volume des *Œuvres scientifiques de Goethe* (T).

5. Schopenhauer, 1788-1860: *Ecrits sur la théorie de la connaissance. De la vision et des couleurs,* chapitre 1.

6. Rudolf Steiner: *Autobiographie,* chapitre XXXIII, GA 28 (EAR).

7. Rudolf Steiner: *Quatre Drames-Mystères: La Porte de l'initiation,* GA 14 (T).

8. Schiller: *Hommage aux arts: La Poésie.*

9. Goethe: *Faust, 1re partie: Nuit de Pâques.*

10. Rudolf Steiner: *Science de l'occulte,* GA 13 (T) (EAR).

11. Rudolf Steiner: *L'Art de la parole et Art dramatique* (non traduit), GA 282.

12. Rudolf Steiner: *Le Moi, son origine spirituelle...*, GA 107 (EAR).

13. Rudolf Steiner: *Culture pratique de la pensée, les Tempéraments, in* GA 57 (EAR).

14. Genèse 2,7.

15. Homère: *Iliade, chant 6.*

Ouvrages de Rudolf Steiner disponibles en langue française aux
Editions Anthroposophiques Romandes

L'Initiation: comment acquérir des connaissances des mondes...
Science de l'occulte
Autobiographie vol. I et II
Textes autobiographiques. Document de Barr.
Vérité et science
Philosophie de la liberté
Enigmes de la philosophie vol. I et II
Théosophie
Nietzsche, un homme en lutte contre son temps
Chronique de l'Akasha

Le Congrès de Noël. Lettres aux membres
Les Sources spirituelles de l'Anthroposophie
Les Degrés de la connaissance supérieure
Goethe et sa conception du monde
Théorie de la connaissance de Goethe
Des Enigmes de l'âme
Les Guides spirituels de l'homme et de l'humanité

Anthroposophie; l'homme et sa recherche spirituelle
La Vie entre la mort et une nouvelle naissance
Expériences vécues par les morts
Les Rapports avec les morts
Histoire occulte, considérations ésotériques
Réincarnation et karma
Le Karma, considérations ésotériques I, II, III, IV, V, VI
Un Chemin vers la connaissance de soi
Le Seuil du monde spirituel
Le Moi, son origine, son évolution
Les Trois rencontres de l'âme humaine
Développement occulte de l'homme
Forces formatrices et leur métamorphose
Le Calendrier de l'âme (bilingue)
Liberté et amour, leur importance au sein de l'évolution
Métamorphoses de la vie de l'âme
Sommeil, l'âme dans ses rapports avec les entités spirituelles

Expériences de la vie de l'âme
Eveil au contact du moi d'autrui
Psychologie du point de vue de l'Anthroposophie
Culture pratique de la pensée. Nervosité et le Moi. Tempéraments
L'Homme, une énigme: sa constitution, ses 12 sens
Arrière-plans spirituels de l'histoire contemporaine
Anthroposophie, Psychosophie, Pneumatosophie

Anthroposophie une cosmosophie vol. I et II
Connaissance. Logique. Pensée pratique

Eléments fondamentaux pour la solution du problème social
Economie sociale
Impulsions du passé et d'avenir dans la vie sociale

Lumière et matière
Science du ciel, science de l'homme

Agriculture: fondements de la méthode biodynamique

Pratique de la pédagogie
Bases de la pédagogie: cours aux éducateurs et enseignants
Education des éducateurs
Education, un problème social
Pédagogie et connaissance de l'homme
Enseignement et éducation selon l'Anthroposophie
Rencontre des générations, cours pédagogique adressé à la jeunesse

Pédagogie curative
Psychopathologie et médecine pastorale
Physiologie et thérapie en regard de la science de l'esprit
Physiologie occulte
Médecine et science spirituelle
Thérapeutique et science spirituelle
L'Art de guérir approfondi par la méditation
Médicament et médecine à l'image de l'homme
Les Processus physiques et l'alimentation
Santé et maladie

Alimentation et développement spirituel
Alimentation et santé

L'Homme suprasensible, parcours initiatique de l'homme...
Imagination, Inspiration, Intuition
Les Préfigurations du Mystère du Golgotha
Comment retrouver le Christ?
Connaissance du Christ, L'Evangile de Saint Jean
Le Christianisme ésotérique et la direction spirituelle de l'humanité
Le Christianisme et les mystères antiques
Mystique et anthroposophie
Entités spirituelles dans les corps célestes, dans les règnes de la nature
De la Nature des anges
La Réalité des mondes supérieurs
Forces cosmiques et constitution de l'homme. Mystère de Noël
Messages de Noël
Evolution cosmique
Questions humaines, réponses cosmiques
Macrocosme et microcosme

L'Intervention des forces spirituelles en l'homme
L'Apparition du Christ dans le monde éthérique
Aspects spirituels de l'Europe du Nord et de la Russie: Kalevala
Lucifer et Ahriman
Centres initiatiques
Mystères: Moyen Age, Rose-Croix, Initiation moderne
Mystères du Seuil
Théosophie du Rose-Croix
Christian Rose-Croix et sa mission
Noces chymiques de Christian Rose-Croix

Mission cosmique de l'art
L'Art à la lumière de la sagesse des mystères
Le Langage des formes du Goethéanum
Essence de la musique. Expérience du son
Nature des couleurs
Premier Goethéanum, témoin de nouvelles impulsions artistiques
L'Esprit de Goethe, sa manifestation dans Faust et le Conte du
  Serpent vert

Collection mosaïques

Foi, amour, espérance
Parler, rire et pleurer
Voie méditative
Zodiaque et les professions typiques
Zodiaque et les 12 sens

Autres auteurs

Archiati: Le Christianisme ou le Christ?
Archiati: La réincarnation dans la vie quotidienne
Collot d'Herbois: Lumière, ténèbres et couleur
Goethe: Le Serpent vert, les Mystères
Bindel: Les Nombres, leurs fondements spirituels
Samweber: Rudolf Steiner, Récit d'une collaboratrice
Wiesberger: Marie Steiner de Sivers, une vie pour l'Anthroposophie
Glöckler/Goebel: L'Enfant, son développement, ses maladies
Ducommun: Sociothérapie: aspects pratiques et source spirituelle
Biesantz/Klingborg: le Goethéanum: l'impulsion de Rudolf Steiner...
Raab: Bâtir pour la pédagogie Rudolf Steiner
Klingborg: L'Art merveilleux des jardins
Mücke/Rudolph: Souvenirs: R. Steiner et l'Université populaire de...
Floride: Les Rencontres humaines et le karma
Floride: Les Etapes de la méditation
Lazaridès: Vivons-nous les commencements de l'ère des poissons?
Göbel: Vie sensorielle et imagination, sources de l'art
Streit: Légendes de l'enfance. Naissance et enfance de Jésus
Br. Nicolas de Flue: La Métamorphose de la Suisse

Répertoire des œuvres écrites de Rudolf Steiner disponible en langue française

GA

in 1. Introduction aux œuvres scientifiques de Goethe (1883-1897) partiellement publiées dans Goethe: Traité des couleurs. Goethe: La Métamorphose des plantes. (T)
2. Une Théorie de la connaissance chez Goethe (1886). (EAR)
3. Vérité et science (1892). (EAR)
4. Philosophie de la liberté (1894). (EAR)
5. Nietzsche, un homme en lutte contre son temps (1895). (EAR)
6. Goethe et sa conception du monde (1897). (EAR)
7. Mystique et anthroposophie (1902). (EAR)
8. Le Christianisme et les Mystères antiques (1902). (EAR)
9. Théosophie (1904). (T) (EAR)
10. L'Initiation ou comment acquérir des... (1904). (T) (EAR)
11. Chronique de l'Akasha (1904). (EAR)
12. Les Degrés de la connaissance supérieure (1905). (EAR)
13. Science de l'occulte (1910). (T) (EAR)
14. Quatre Drames-mystères (1910-1913). Ed. Bilingue. (T)
15. Les Guides spirituels de l'homme et de... (1911). (EAR)
16. Un Chemin vers la connaissance de soi (1912) (EAR)
17. Le Seuil du monde spirituel (1913) (EAR)
18. Les Enigmes de la philosophie (1914) (EAR)
21. Des Enigmes de l'âme (1917) (EAR)
22. L'Esprit de Goethe (1918) (EAR)
23. Eléments fondamentaux pour la solution... (1919) (EAR)
24. 13 articles sur la tripartition sociale (1915-1921) dans le volume: Eléments fondamentaux pour la solution... (EAR)
26. Directives anthroposophiques (1924-1925) (T)
27. Données de base pour un élargissement de l'art de guérir selon les connaissances de la science spirituelle. En collaboration avec le Dr Ita Wegman (1925) (T)
28. Autobiographie (1923-1925) (EAR)

in 30. Goethe, père d'une esthétique nouvelle (1889) (T)
in 34 Réincarnation et karma. Comment le karma agit (1903) (EAR)
in 34 L'Education de l'Enfant à la lumière de la science... (1907) (T)

35　Philosophie et Anthroposophie (1904-1917) (EAR)
　　35　La démarche de l'investigation spirituelle (1914-1918) (EAR)
in 35　Noces chymiques de Christian Rose-Croix (1917) (EAR)
in 40　Le Calendrier de l'âme (1912). Edition bilingue (EAR)
in 40　Douze harmonies zodiacales (1915). Edition bilingue (T)

(EAR): Editions Anthroposophiques Romandes, Genève
(T):　　Editions Triades, Paris.

Achevé d'imprimer en octobre 1997
sur les presses de la Nouvelle Imprimerie Laballery
58500 Clamecy
Dépôt légal : octobre 1997
Numéro d'impression : 709071

Imprimé en France